¿Po luchamos tanto?

Editorial
McDougal

Hagerstown
Maryland   21742

por

Carol Hill Richardson

¿Por qué luchamos tanto?

Copyright © 2000 por Carol Hill Richardson
TODOS LOS DERECHOS RESERVADOS

La Editorial McDougal es un ministerio de la Fundación McDougal, Hagerstown, Maryland, Estados Unidos de Norteamérica. La Fundación McDougal es una corporación sin fines de lucro dedicada a la difusión del Evangelio de Jesucristo a un número máximo de personas en el menor tiempo posible.

Traducción al español por Kepler Nigh.

Publicado por:

Editorial McDougal

P.O. Box 3595
Hagerstown, MD 21742-3595

ISBN 1-884369-93-6

Impreso en los Estados Unidos
para distribución a nivel mundial.

DEDICACIÓN

A Jim, mi amable y paciente esposo por más de treinta y cinco años; también a nuestros hijos, Chelly y Craig, quienes cuidadosamente escogieron a sus cónyuges, Tim y Jennifer. Les amo a todos y cada uno ha sido escogido por Dios, y les dedico esta obra.

AGRADECIMIENTOS

Conozco el poder de la palabra impresa. En 1971 el libro, *De la prisión a la alabanza*, por Merlin Carothers, guió mi vida por el buen camino. Gracias, Alice Boseman, por haberme obsequiado aquel libro. Gracias, además, a mis amigos, Ruth Heflin, y su hermano, el fallecido Rvdo. Wallace Heflin (quien pasó a la presencia del Señor el 27 de diciembre de 1996) por sus consejos y por señalarme el mejor camino para el libro *¿Por qué luchamos tanto?*

Esta obra es el fruto de la transcripción y edición de docenas de cintas grabadas de mi programa diario de radio. Ha sido un esfuerzo de mucho tiempo y labor para transformar el mensaje hablado en un mensaje escrito. Estoy en deuda con mis amigos de la Editorial McDougal por sus esfuerzos incansables y por el ánimo que me dieron. Gracias a ellos por hacer que el Salmo 45:1 se convierta en una realidad para mí: *"Mi lengua es pluma de escribiente muy ligero"*.

Gracias también a Dolores Morgan por su talento editorial, su estímulo, y mucho más. Agradezco a Archie Barkers, mi compañera de viajes y amiga, por levantarme en oración intercesora; a mi pastor, Ronald Estes, de la Iglesia Metodista Unida de Bath, de Carolina del Norte, así como también el pastor Auis Hammond de la iglesia Victory Christian Fellowship en Plymouth, Carolina del Norte. También quiero manifestar mi gratitud a Gustavo y Alejandra Gamboa por su incansable dedicación para lograr la edición en Español.

Finalmente, un gran agradecimiento para todos mis intercesores. No pretendo nombrarlos a todos ustedes porque el ignorar a alguno me haría sentir mal. No obstante, debido a cada uno de ustedes, este libro se ha hecho una realidad.

No debo olvidar la exhortación de Proverbios 3:6; así que, reconozco con mucha gratitud a mi precioso Señor Jesucristo. ¡Toda la gloria es tuya!

ÍNDICE

PREFACIO POR JIM RICHARDSON

Si pudieras conocer a mi esposa y sentarte con ella para conversar, te darías cuenta de algunas cosas acerca de ella. No te demorarías en percibir su amor para el Señor y sentir su confianza y fe en Él. Estas se harían evidentes a través de las cosas que ella te contaría acerca de lo que el Señor ha hecho en nuestra familia y como Él está obrando actualmente en la vida personal de ella. Así como otras personas, deducirías que ella es una mujer fuerte en la Palabra, en la fe, y en su relación con el Señor Jesús, y tendrías razón. Pero no era así siempre…

Hubo un período en nuestras vidas cuando yo salía para el trabajo cada mañana sin poder saber lo que me esperaría cuando regresara por la tarde. Carol fue atormentada por temores que la asustaban. Su temor, tanto de las cosas conocidas, como también de las cosas desconocidas, llegó a un punto tal que le consumía en lo físico, en lo espiritual, y en lo emocional.

Ella tenía temor de caminar sonámbula, y sin darse cuenta, dañar a nuestros hijos. Ella temía que algún grupo de turistas visitando a nuestro pueblo (un conocido sitio histórico) sería en verdad un grupo de "hippies" desesperados para drogarse. Ella temía que algún malvado se aparecería cerca de la escuela, donde nuestros hijos asistían, buscando hacerles daño. Aunque eran temores sin fundamentos, ninguna cosa que yo decía, u ofrecía, le consolaba, y cada noche ella lloraba hasta quedarse dormida.

Procedíamos de muchas maneras para tratar su problema de temor que le incapacitaba. Píldoras tranquilizantes no le ayudaban. Aseguraba las aldabas de todas las puertas y ventanas cada noche, y las volvía a revisar, pero no le daba seguridad. Conseguimos un perro guardián, pero tampoco ayudó. Escondía los cuchillos de la cocina, y cualquier objeto peligroso, de los posibles intrusos, pero tampoco ayudaba. De hecho, nada parecía ayudarle, y en cada esfuerzo que hacíamos sus temores se aumentaban.

En cuanto a mí, me era muy difícil entender como podría estar mi esposa tan consumida por el temor. Después de todo, nuestra familia tenía buena salud, y teníamos estabilidad económica. Asistíamos a la iglesia en la cual estábamos involucrados. Servíamos a la comunidad y estábamos comprometidos en las organizaciones de apoyo a la escuela. ¿Por qué sería para nosotros la vida llena de tanto conflicto?

Entonces, un día en 1971, Carol leyó un libro titulado *Prison to Praise (De la prisión a la alabanza)* por Merlin Carothers. Como un rayo se halló la respuesta para su problema. Solamente faltaba una cosa en la vida de Carol: La sangre de Jesús hecha realidad.

Tan pronto como se manifestó la respuesta, Carol se la apropió para sí, y cuando llegué a casa aquella tarde pude ver en ella un cambio maravilloso.

En ese momento no le pregunté directamente acerca de lo que le había pasado. Acepté, con gratitud, el hecho de que sus temores habían desaparecido y que ahora ella estaba llena de paz, gozo y felicidad. Pero fue un asunto consumado, y se había efectuado dentro de pocas horas.

Desde aquel día, y en adelante, Carol comenzó a devorar las Escrituras buscando entender mejor lo que le había sido revelado por medio de aquel libro. Ella quería poder explicarlo a los demás. Así que, los años que han transcurrido desde entonces han sido para ella un proceso de aprender, enseñar y crecer. El Señor le estaba preparando para el ministerio.

Carol ha venido enseñando en las clases de estudios bíblicos en nuestra iglesia desde 1979. En 1980 ella fue certificada como una conferencista laica. Ella obtuvo su licenciatura en teología de la Universidad Internacional Cristiana en 1988 y en 1992, por medio de la Iglesia del Redentor, recibió su licencia para predicar. Ella ha presentado un programa de radio diariamente desde marzo de 1994, ha sido presentada en los canales locales de televisión, ha viajado en misión a Rusia y a Ucrania, y también ha visitado Israel.

El ejemplo de Carol inspiró a nuestro hijo a entrar en el ministerio a tiempo completo. El recibió su primer asignación a una iglesia en 1996. Así que, en Carol sigue el legado de la obra del Señor.

¿Por qué luchamos tanto? ha sido escrito por causa del estimulo de tantos amigos, quienes han compartido con nosotros un deseo que otros resulten beneficiados por las enseñanzas de la Palabra de Dios que transformaron la vida de mi esposa. Espero que esta obra sea de ayuda para traer a la vida de muchos la misma liberación y gozo que he visto en la vida de Carol desde 1971.

INTRODUCCIÓN

En todo el mundo los creyentes están enfrentando conflictos por medio de situaciones difíciles, problemas, y pruebas, y muchos están perdiendo la batalla. Al perder algunas batallas, la desesperanza comienza a manifestarse. En los Estados Unidos hay un dicho popular, "Dios ayuda a los que se ayudan". Pero, ¿qué hay de los que no pueden ayudarse? ¿Qué pasa con los que están metidos en situaciones inesperadas?

Muchos son los que han intentado "ayudarse" con determinación obstinada, otros por medio de su reputación, o poder, prestigio y dinero, por medio de contactos, por los tribunales, y por maneras múltiples y diversas. Mas, la forma eficaz que el hijo de Dios puede emplear para ayudarse es de la misma manera que escogió Noé, Abraham, José, Moisés, Josué, Rut, Gedeón, David y muchos otros personajes bíblicos. Ellos confiaron en el Dios quien guarda sus pactos, y ellos se contentaron con observar mientras Él obraba en su favor. *¿Por qué luchamos tanto?*

es un libro que recuerda al creyente que el mismo Dios, quien vino al auxilio de nuestros padres en la fe, también está presto para socorrernos.

¿Qué significa estar comprometido, en pacto, con el Dios del universo? ¿Cómo logramos que Él luche a nuestro favor? ¿Cómo enfrentamos las tristezas y los temores, y la multitud de enemigos que vienen contra nosotros?

Mi oración es que este libro te ayude a andar victoriosamente, en una vida llena de gozo, ayudándote a enfocar una verdad que se olvida fácilmente en los momentos de conflicto. Esta verdad está en las palabras del himno antiguo, "Oh qué amigo nos es Cristo. Él llevó nuestro dolor. Él nos manda que llevemos todo a Dios en oración".

Nuestro Dios desea luchar a nuestro favor. Él desea llevar nuestro dolor. Él desea que andemos en paz. Este libro te ayudará a asirte a las promesas olvidadas que Dios ha dado para el beneficio de su pueblo.

Carol Hill Richardson
Bath, North Carolina

Capítulo 1

Libres de conflicto
... ¡Por fin!

Yo soy el camino, y la verdad, y la vida; nadie viene al Padre, sino por mí.   Juan 14:6

El descubrimiento de la verdad que me permitió descansar en la bondad de Dios no vino fácilmente. Me llevó doce largos años llenos de pruebas.

Entregué mi vida al Señor de joven, arrodillada frente al altar de una iglesia pequeña del campo, y anduve con Él por algunos años más, aprendiendo algunas verdades de su Palabra, mas no me había profundizado lo suficiente, y no estaba satisfecha con mi experiencia espiritual.

¿Por qué luchamos tanto?

Constantemente tenía hambre de algo más, algo que aparentemente no podía encontrar en la iglesia a la cual asistía. Así que, convencida de que sabía como buscar a Dios por mi cuenta, comencé una búsqueda que me alejaría de Él y me involucré en el movimiento conocido como la Nueva Era. Busqué en el budismo de Zen, en la reencarnación, en las enseñanzas de Edgar Casey, los "pensamientos profundos" de los "swamis", la yoga, la astrología, y otras enseñanzas parecidas. Probé todo, y más también.

Por raro que parezca, pensé estar buscando a Dios en medio de todos mis experimentos. Sabía que tenía hambre genuina de Él y quería conocerle mejor. Si la gente no podía ayudarme a conocerle, yo me propuse conocer las profundidades de su amor por mi propia cuanta.

¡Qué error más grande! En mi búsqueda de Dios, cometí el mismo error que muchos han incurrido. En vez de escudriñar la Biblia yo misma, y dejar que Dios me hablara personalmente por medio de su Palabra, seguí mi investigación espiritual por otros caminos.

No entendía, ni remotamente, que esta exploración me llevaría lejos de Dios, y mi separación de Él no sucedió repentinamente. No obstante, la separación fue el resultado de mi propia determinación. Sin darme cuenta, di mi espalda a Dios, y poco a poco abandoné su sabiduría para buscar la sabiduría de los hombres.

Libres de conflicto ... ¡por fin!

No me había dado cuenta de que hay dos fuentes de sabiduría. Pensé que la sabiduría era simplemente sabiduría y que toda sabiduría era buena. Sin embargo, el Apóstol Santiago en su epístola a las iglesias escribió acerca de una sabiduría que *"no es la que desciende de lo alto"*. Él dijo que esta sabiduría es *"terrenal, animal, diabólica"*. La sabiduría del cielo *"es primeramente pura, después pacífica, amable, benigna, llena de misericordia y de buenos frutos, sin incertidumbre ni hipocresía"* (Santiago 3:15-17). ¡Qué maravilloso! Esta era la sabiduría que yo necesitaba.

Santiago comenzó su carta a las iglesias con el consejo:

> *Y si alguno de vosotros tiene falta de sabiduría, pídala a Dios, el cual da a todos abundantemente y sin reproche, y le será dada.*   Santiago 1:5

¡Qué sencillo! Cuando le pedimos a nuestro Padre Celestial la sabiduría, Él nos da, de buena gana, y generosamente, *"sin reproche"*. Es decir, Él no va a decir (como frecuentemente dicen las personas), "Ya basta. ¿No lo sabías?" Nuestro Dios es paciente, amable, amoroso, y su deleite está en enseñarnos sus verdades. Pero yo no había aprendido todavía estas lecciones y todavía andaba errante en mi propio desierto.

Durante los doce años de mi búsqueda por la verdad en el Movimiento de la Nueva Era, nunca tuve paz verdadera. En cierto sentido todo parecía estar bien para mí. Casada con un hombre bueno; teníamos dos hijos extraordinarios; vivíamos cómodamente; teníamos buena salud. La vida era buena. ¿Por qué, entonces, me faltaba la felicidad?

Algo importante faltaba en mi vida, y me tardé bastante para darme cuenta lo que era *aquello*. Fue sólo hasta que llegué al punto del miedo que me provocaba suicidarme que sentí al Señor Jesucristo extender su mano hacía mí. Le oí decirme, "Ven a casa, hija. Ven a casa". Por la gracia de Dios volví, corriendo a los brazos de un Padre quien todavía me esperaba, y solamente anhelaba que yo reconociera mí necesidad de Él.

Dios conocía mi corazón. Él sabía que yo no había dejado deliberadamente su único camino de salvación, sino que yo había estado buscándole a mi manera. Él también sabía que yo era terca y de carácter fuerte y que necesitaría algunas experiencias duras para mostrarme que no podía seguir mi camino sin su ayuda, y que no podía buscar su sabiduría en un lugar que no fuera su Palabra escrita. Le agradezco por haberme permitido saborear la amargura de una vida vacía que no tenía su presencia y luego poder acercarme a Él.

Volví a casa en marzo de 1971 y desde entonces mi vida ha crecido maravillosamente con cada día que ha venido pasando. Así como dice un himno antiguo, Él es *"más dulce cada día"*.

Libres de conflicto … ¡por fin!

En seguida aprendí que aquellos, quienes andan en la voluntad perfecta de Dios para sus vidas, y quienes se mantienen ligados a Él, escuchándole y obedeciéndole, pueden encontrar la paz perfecta para cada día y para cada situación que puede presentarse. No tenemos razón para qué estar luchando cuando Él está de nuestra parte.

Esto no significa que no tendremos más luchas. ¡Si las tendremos! Pero Dios es nuestro defensor, listo para pelear de parte nuestra en cualquier momento. Siendo Él nuestro amoroso Padre celestial, Él se encarga totalmente de nuestro bienestar, y cuando es necesario, Él lucha por nosotros.

No estoy insinuando que Dios está sometido a nuestro mando. ¡En ninguna manera! Fuimos creados y puestos aquí en la tierra por su voluntad, no por la nuestra. Juan escribió:

Señor, digno eres de recibir la gloria y la honra y el poder; porque tú creaste todas las cosas, y por tu voluntad existen y fueron creadas.

Apocalipsis 4:11

"Todas las cosas" que han sido creadas son por la voluntad de Dios. Si te has preguntado, "¿por qué estoy aquí?" o "¿qué significa todo?", ésta es la respuesta confortante. Fuiste creado por su voluntad, porque Él lo quería, y tú te sentirás realizado cuando encuentres la comunión con Él.

¿Por qué luchamos tanto?

Cuando Dios decidió crear a la humanidad, era con el propósito de tener comunión con su creación.

Lo que hemos visto y oído, eso os anunciamos, para que también vosotros tengáis comunión con nosotros; y nuestra comunión verdaderamente es con el Padre, y con su Hijo Jesucristo.

1 Juan 1:3

Primero, fuimos concebidos en el corazón de Dios, y por lo tanto, tenemos un propósito definido en su creación. Él es nuestro Padre, y como todo buen padre, desea que sus hijos pasen tiempo con Él, conversando, y aún más importante, que sigan su consejo.

El aprender a escuchar a la voz de Dios nos podrá librar de mucha angustia. Inclusive, puede quitar de nuestras vidas las luchas. Desafortunadamente, la mayoría tenemos que descubrirlo atravesando el camino más difícil.

El día que me di cuanta que el camino a Dios no era por los medios planificados por los hombres, sino por su Hijo, Jesucristo, estuve cerca el poder descansar totalmente en el Señor. Estoy tan agradecida que hallé el camino para regresar a Dios, y que mi lucha personal ha finalizado.

CAPÍTULO 2

DIOS

... NUESTRO GRAN DEFENSOR

Moisés dijo al pueblo: No temáis; estad firmes, y ved la salvación que Jehová hará hoy con vosotros; porque los egipcios que hoy habéis visto, nunca más para siempre los veréis. Jehová peleará por vosotros, y vosotros estaréis tranquilos.

Éxodo 14:13-14

*L*uego, cuando volví al Señor, una de las verdades que Él hizo nacer en mi espíritu fue que Él está de nuestra parte. Él no se había escondido de mi persona a propósito. Él simplemente esperaba que yo me acercara bajo sus términos. Yo pensé estar luchando para acercarme a Dios, pero lo que no me di cuenta, fue que Dios estaba luchando por mí. Él es nuestro defensor y nuestro paladín. *Paladín* significa "uno que defiende, lucha de parte de, o apoya una causa o a otra persona". Goliat era el paladín de los filisteos, mas David le pudo derrotar porque él sabía que Dios era el Paladín de Israel.

Cuando Moisés había sacado al pueblo de Israel de la esclavitud en Egipto, el ejército de faraón les persiguió, pensando capturarles nuevamente y someterles a la esclavitud. Ha de haber sido espantoso el cuadro del ejército poderoso acercándose. ¿Qué podrían haber hecho? No tenían carros de guerra, caballos, ni armamentos. Tampoco se habían entrenado para la guerra. ¿Cómo podían defenderse?

Sin embargo, Moisés no se intimidó y les dijo a los hijos de Israel que no temiesen. Después de todo eran el pueblo de Dios, y Dios lucharía a su favor. Solamente debían permanecer quietos y observar lo que Dios iba a hacer a sus enemigos.

Sucedió así como Moisés dijo. Los ejércitos de faraón fueron destruidos en el Mar Rojo aquel día y ya no eran una amenaza para el pueblo de Dios.

Para algunos el concepto, que Dios lucha por su pueblo, podría parecer algo de fantasía. Pues, muchos hemos sido entrenados para creer en el antiguo dicho, "Dios ayuda a los que se ayudan". Si bien es cierto que este dicho tiene su verdad, muchas personas lo han llevado al extremo. Podríamos pensar que una demostración de independencia, "hacerlo a mi manera", muestra fortaleza propia, mas en esto se halla un gran error. La verdadera fortaleza está en el poder decir a Dios, quien es nuestro Creador, "Padre, no intentaré hacer nada sin ti. Permíteme mantener mi cerviz bajo tú yugo, para que tu puedas hacer la gran parte de la obra. Déjame siempre echar mis preocupaciones sobre ti, porque yo sé que me cuidas".

Entonces, cuando viene la victoria podemos decir, "A Dios sea la gloria"; porque Él es nuestro Gran Defensor y Paladín.

Nuestro Dios es un Dios guerrero quien está más que dispuesto a luchar de parte nuestra. Él es el mismo Dios quien sacó a Moisés y los hijos de Israel de Egipto, y el mismo Dios quien destruyó a faraón y a su ejército en el Mar Rojo. Él no ha cambiado. Él sigue siendo *"el mismo"*:

Jesucristo es el mismo ayer, y hoy, y por los siglos.   Hebreos 13:8

Para algunos, el Cristo compasivo del Nuevo Testamento no puede ser el mismo Dios del Antiguo Testamento, quien se presentaba lleno de ira y de venganza. No obstante, aquella imagen nunca presentaba un verdadero cuadro de nuestro Dios. Él siempre ha sido amoroso y compasivo.

Sí, podemos afirmar que Dios es exigente y que Él demanda un nivel alto de su pueblo. Esto, sin embargo, no es porque le falte compasión, más bien es porque Él desea lo mejor para cada uno de noso-tros. Las demandas que Él nos hace nunca tienen el propósito de quitarnos el gozo, sino de mejorarnos en cada experiencia en la vida.

El Dios de Moisés se revela totalmente a través de la bondad y la compasión del Cristo del Nuevo Testamento. Jesús mismo dijo:

> *El que me ha visto a mí, ha visto al Padre.*
>
> Juan 14:9

Por lo mismo que servimos al Dios de Moisés, creo firmemente que las promesas dadas a los hijos de Israel en el Antiguo Testamento pueden ser reci-bidas también por aquellos quienes amamos a nuestro Dios actualmente. Aquellas bendiciones fueron destinadas para los hombres y las mujeres de todas las edades, por medio de Cristo:

> *Cristo nos redimió de la maldición de la ley, he-cho por nosotros maldición (porque está escrito: Maldito todo el que es colgado en un madero), para que en Cristo Jesús la bendición de Abra-ham alcanzase a los gentiles, a fin de que por la fe recibiésemos la promesa del Espíritu.*
>
> Gálatas 3:13-14

Nuestro pacto con Dios por medio de Cristo con-tiene promesas aun mejores que las del antiguo pacto:

Dios … nuestro gran defensor

Pero ahora tanto mejor ministerio es el suyo [de Cristo], cuanto es mediador de un mejor pacto, establecido sobre mejores promesas.

Hebreos 8:6

El mismo Dios quien dio consuelo a los hijos de Israel mientras se paraban a las orillas del Mar Rojo, contemplando su destino en las manos de faraón, está parado junto a ti hoy. Él te dice, "No tienes que luchar. Mantente en reposo y verás mi salvación". Dios es tu Defensor y tu Paladín.

Dios está listo para vencer la oposición en tu vida. Él está listo para luchar con el enemigo que amenaza tu bienestar. Él es suficientemente capaz para conquistar tales enemigos como la frustración, el resentimiento, la adicción, la envidia, la depresión, el enojo, la enfermedad, y todos los enemigos que siempre enfrentamos. El Dios de Moisés, quien es el Dios de Carol, y quien también es tu Dios, si le amas, está listo para darte la victoria en todas estas cosas.

En mi propia vida el temor fue el enemigo principal. Temor es algo que todos enfrentamos de vez en cuando, y puede paralizarnos y perturbarnos totalmente, robándonos el gozo y la fortaleza. El Señor, en cambio, es suficientemente capaz para derrotar a ese enemigo. Como mi Defensor, Él me libra de todo temor.

¿Por qué luchamos tanto?

Moisés les declaró a los hijos de Israel:

Jehová es varón de guerra; Jehová es su nombre.
Éxodo 15:3

En Números 21:14 hace mención del *"libro de las batallas de Jehová"*. Nuestro Gran Defensor ha luchado en tantas batallas por su pueblo que un libro entero tuvo que ser escrito para nombrar sus hazañas.

Siendo que Dios no ha cambiado, no hay batallas difíciles para Él, pero a veces necesitamos que nos lo recuerden. En años posteriores Moisés tuvo que recordar a los hijos de Israel de la ferocidad de Dios para la batalla y su capacidad para librar a su pueblo:

Entonces os dije: No temáis, ni tengáis miedo de ellos. Jehová vuestro Dios, el cual va delante de vosotros, Él peleará por vosotros, conforme a todas las cosas que hizo por vosotros en Egipto delante de vuestros ojos.
Deuteronomio 1:29-30

Podríamos preguntarnos ¿por qué el pueblo de Dios tuvo que enfrentar tantas pruebas de su fe? La verdad es que Dios siempre está buscando nuestro bien, aun cuando el camino parece más difícil. Escuchen lo que Él habló a Israel al terminar los cuarenta años que anduvieron errantes en el desierto:

"Y te acordarás de todo el camino por donde te ha traído Jehová tu Dios estos cuarenta años en el desierto, para afligirte, para probarte, para saber lo que había en tu corazón, si habías de guardar o no sus mandamientos".   Deuteronomio 8:2

Cuando los hijos de Israel estuvieron listos para entrar en la tierra prometida, de repente la presencia de los gigantes que vivían allí parecía impedirseles. Si iban a tomar posesión de la tierra prometida y recibir del Señor la herencia que les pertenecía, tendrían que enfrentar a los gigantes y vencerlos.

Moisés mandó doce espías a la tierra, y diez de ellos regresaron sorprendidos por la estatura gigantesca de los habitantes que habían visto. Advirtieron a Moisés que no debía intentar poseer la tierra:

Y éramos nosotros, a nuestro parecer, como langostas; y así les parecíamos a ellos.
Números 13:33

Moisés, sin embargo, no fue disuadido por esta reacción. Él conocía a Dios y él sabía que ningún gigante podía desafiar a Dios. Entonces él dijo, "No les temas".

Moisés no estaba confiando en la fuerza de los ejércitos de Israel, ni la valentía de sus guerreros, sino tan solamente en la capacidad del Gran Defensor de la nación.

> *Jehová vuestro Dios, el cual va delante de vosotros, Él peleará por vosotros, conforme a todas las cosas que hizo por vosotros en Egipto delante de vuestros ojos. Y en el desierto has visto que Jehová tu Dios te ha traído, como trae el hombre a su hijo, por todo el camino que habéis andado, hasta llegar a este lugar.*   Deuteronomio 1:30-31

El hecho que diez de los doce espías tuvieron un parecer negativo frente a la posibilidad de poseer la tierra afectó a muchos, y la tierra prometida quedó sin ser conquistada durante muchos años. El temor es algo atroz. Nos roba de tantas bendiciones que por derecho deberían ser nuestras para disfrutarlas.

Así que, el pueblo anduvo errante en el desierto y permitieron que su temor les impidiera entrar en la tierra prometida, mientras que el Gran Defensor moraba entre ellos, listo para enfrentar la batalla con los gigantes.

Posiblemente la razón que impidió a los hijos de Israel, llevándoles al fracaso durante aquella época, es la misma razón por la cual aún estamos luchando con gigantes en nuestras vidas. A veces fallamos en reconocer que Dios está con nosotros. Si este es el caso de tu vida: ¡Permíteme afirmarte que Él está de tu parte mientras sigues de parte de Él! Todo lo que Él pide es que confíes en Él, aun cuando no entiendas lo que pasa en tu vida. Confía en Él hoy e invócale para ayudarte. Él no fallará en llevarte a un lugar más seguro, *"como trae el hombre a su hijo"*. Su amor para ti es tan grande como su amor para Israel. Entonces, ruégale hoy y clama a tu Señor. Su anhelo es ayudarte y librarte de todos tus enemigos.

Capítulo 3

Socios del pacto ... con Él

Esta copa es el nuevo pacto en mi sangre; haced
esto todas las veces que la bebiereis, en memoria
de mí.   1 Corintios 11:25

¿Por qué lucha Dios de parte nuestra? ¿Cómo podemos estar seguros de que Él es nuestro defensor? ¿Por qué es Él nuestro Defensor? ¿Por qué está Él de nuestra parte? Porque somos socios comprometidos por un pacto y, por lo tanto, Él no puede hacer de otra manera mientras caminamos en obediencia a sus mandamientos. Recuerda, todos sus mandamientos están envueltos dentro de su amor. Romanos 13:10 dice:

El amor no hace mal al prójimo; así que el cumplimiento de la ley es el amor.

Socios del pacto ... con Él

El tema de pactos es uno de los más sobresalientes en las Escrituras. Si vamos a comprender la Biblia, y entender correctamente nuestra relación con Dios, tenemos que conocer el significado de pacto.

Un pacto "es un acuerdo o un contrato entre dos personas, o dos grupos de personas". Lo especial de nuestro pacto con Dios es que fue firmado y sellado con la misma sangre de Cristo. Es un pacto de sangre.

En los tiempos bíblicos un pacto de sangre era el pacto más serio y, posiblemente, el más común. Era más que solamente un acuerdo legal. Cuando dos personas entraban en un pacto de sangre, todo lo que eran y todo lo que poseían, con sus mejores atributos y con sus debilidades, todas sus habilidades y todos sus compromisos llegaban a pertenecer al socio en el pacto. De la misma manera, todo lo que los socios tenían entonces les pertenecía a ambos.

La palabra hebrea utilizada en la Biblia para pacto es *berith* y significa "cortar hasta fluir la sangre". Entre los judíos el mismo hecho de entrar en un pacto implicaba el derramamiento de sangre y por lo tanto era un asunto de mucha seriedad.

Los pactos de sangre eran tan sagrados que no solamente se les comprometían a los socios, sino también a los herederos. El pacto se pasaba de generación en generación. Por este motivo la Biblia enseña que nuestras decisiones influyen a nuestros descendientes *hasta la tercera y cuarta generación"*

(Éxodo 20:5). Entrar en un pacto, entonces, era un asunto de mucha seriedad.

Eran los pactos de sangre de mucha importancia en las culturas antiguas, y todas las religiones primitivas incorporaron algo de esta tradición. El concepto fue central en las tradiciones de las tribus africanas, y tales pactos eran tan altamente estimados que muy pocas veces se desechaban o quebrantaban.

Un aspecto del pacto de sangre que hacía que fuera tan importante en las culturas antiguas era el de la protección. La vida era frágil y la maldad abundaba de tal manera que hacían buscar garantías de seguridad.

Un explorador inglés de la África, el señor Henry Morton Stanley, a quien se le conoce mejor como "Stanley", entró en pactos de sangre con más de cincuenta tribus durante sus viajes en aquel continente. Cuando se hallaba en territorios desconocidos, u hostiles, entre personas que no lo conocían, lo único que tenía que hacer era levantar la manga de su camisa y mostrar el récord de sus pactos con las tribus inscritas en sus cicatrices. Estos pactos le garantizaban la protección que él necesitaba.

Cualquiera de las tribus con las cuales él mantenía pactos pelearían por él, si fuera necesario. Así que, las señales del pacto sobre su cuerpo sirvieron como pasaporte para entrar en las regiones de la África que no se habían explorado y le dio la libertad que necesitaba para andar en el continente. Cuando entramos en un pacto con Dios no tenemos que temer a nadie.

La seguridad física, o la protección, que los hombres obtenían por medio de los pactos de sangre tenían una bendición más. Les daban una medida de *seguridad económica*.

Aquellos, quienes entraban en un pacto de sangre, no siempre confiaban plenamente el uno al otro, sin embargo el unirse con alguien les hacía más fuerte para enfrentarse con sus adversarios. Por este motivo, los que habían sido adversarios a veces se juntaban para luchar juntos, contra otro enemigo más potente que se había presentado y les amenazaba.

¿Podríamos encontrar una seguridad mayor que la de entrar en un pacto con el Dios del universo?

Una tercera razón por la cual los antiguos entraban en un pacto de sangre era que les proveía un sentido de compañerismo. A menudo, los que forjaban tales votos se amaban genuinamente y pelearían y entregarían sus vidas el uno por el otro. Un ejemplo bíblico maravilloso puede hallarse en la amistad compartida entre David y Jonatán:

Aconteció que cuando él hubo acabado de hablar con Saúl, el alma de Jonatán quedó ligada con la de David, y lo amó Jonatán como a sí mismo. Y Saúl le tomó aquel día, y no le dejó volver a casa de su padre. E hicieron pacto Jonatán y David, porque él le amaba como a sí mismo. Y Jonatán se quitó el manto que llevaba, y se lo dio a David, y otras ropas suyas, hasta su espada, su arco y su talabarte.   1 Samuel 18:1-4

La mayoría de los pactos descritos en el Antiguo Testamento se hicieron por lazos de amor semejantes, porque los pactos fueron iniciados por Dios y fueron pactos con, y entre, su pueblo. Para los que estaban comprometidos en el pacto, los otros beneficios eran secundarios.

En la antigüedad se tomaban ciertos pasos para establecer un pacto formal. En primer lugar, las dos personas, o los dos grupos se juntaban y había un intercambio de ropas y armamentos. El intercambio de ropa implicaba, "Esto representa quién soy, todo lo que soy, te lo doy". El intercambio de armamentos implicaba, "Esta es mi fortaleza, y te la doy. Si tus enemigos salen contra ti, será como si hubiesen salido contra mí personalmente. Saldré a tu auxilio". Entonces intercambiaban sus nombres, y una parte del nombre de cada participante se le daba al otro.

Al efectuar aquello, habría el derramamiento de sangre, típicamente en sus muñecas o en las palmas de sus manos, pero a veces, más arriba de sus codos. Si se hacía por la muñeca, cada hombre se cortaba la muñeca, y los dos juntaban sus muñecas y permitían que sus sangres se mezclaran. Si el corte se hacía en la palma de la mano, se tomaban de las manos y también dejaban mezclar su sangre. Si el corte se hacía más arriba del codo, los participantes dejarían que la sangre cayera en un vaso de vino. Entonces el vino se hacia parte de la cena del pacto.

Los animales también se sacrificaban y sus cuerpos se extendían juntos para dejar que se mezclaran sus sangres. Los participantes, quienes entraban en el pacto, andaban dentro de, alrededor de, y entre los trozos de carne haciendo la figura de un ocho. Mientras hacían esto, andaban entre la sangre, declarando bendiciones sobre aquellos que guardaban el pacto, y maldiciones sobre aquellos que lo quebrantaban. (Lea Deuteronomio 28:1-14 para tener una idea de las promesas del pacto que Dios hizo con los israelitas. Estas son también nuestras promesas si creemos lo que dice Gálatas 3 y las hacemos propias por la fe en Jesucristo. Las maldiciones que venían por quebrantar el pacto están nombradas en los versículos 15-68.)

Después de la invocación de las bendiciones y las maldiciones los participantes establecían un monumento memorial. Podía haber sido solamente una piedra particular, pero tendría el propósito de recordar a todos los participantes que habían hecho un pacto de sangre.

A veces se intercambiaban ovejas para comenzar nuevos rebaños, o se intercambiaban árboles para sembrar un nuevo bosque, y de esta manera poder recordar el pacto de sangre con que se habían comprometido.

Luego de haber levantado el monumento memorial los participantes se sentaban juntos para tomar una comida sencilla de pan y vino. Mientras participaban de la comida y la bebida, se servirían el uno al otro, turnándose. El uno diría, "Esto es mi cuerpo. Esto es mi sangre. Come. Bebe." Entonces el otro haría lo mismo. Al compartir la comida sencilla, simbólicamente participaban el uno del otro.

Esto es familiar para la mayoría de nosotros, ya que frecuentemente compartimos una cena de pacto de sangre con nuestros hermanos en Cristo. Pablo lo describe detalladamente en su primera carta a los corintios:

Porque yo recibí del Señor lo que también os he enseñado: Que el Señor Jesús, la noche que fue entregado, tomó pan; y habiendo dado gracias, lo partió, y dijo: Tomad, comed; esto es mi cuerpo que por vosotros es partido; haced esto en memoria de mí. Asimismo tomó también la copa, después de haber cenado, diciendo: Esta copa es el nuevo pacto en mi sangre; haced esto todas las veces que la bebiereis, en memoria de mí. Así, pues, todas las veces que comiereis este pan, y bebiereis esta copa, la muerte del Señor anunciáis hasta que Él venga. De manera que cualquiera que comiere este pan o bebiere esta copa del Señor indignamente, será culpado del cuerpo y de la sangre del Señor. Por tanto, pruébese cada uno a sí mismo, y coma así del pan, y beba de la copa. Porque el que come y bebe indignamente, sin discernir el cuerpo del Señor, juicio come y bebe para sí. Por lo cual hay muchos enfermos y debilitados entre vosotros, y muchos duermen.

1 Corintios 11:23-30

Al recibir a Jesucristo como nuestro Salvador entramos en un pacto que Él hizo a favor nuestro con el Padre celestial. Él se convirtió en el Cordero de Dios, sin mancha, y fue sacrificado por nosotros. Por consiguiente, fue su sangre lo que estableció el Nuevo Pacto.

En Cristo hemos intercambiado vestiduras. Hemos asumido la persona de Jesús.

Porque todos los que habéis sido bautizados en Cristo, de Cristo estáis revestidos.

Gálatas 3:27

No solamente creemos en Él, sino Él ha establecido su residencia en nuestras vidas. Pablo lo describió así:

Con Cristo estoy juntamente crucificado, y ya no vivo yo, mas vive Cristo en mí; y lo que ahora

¿Por qué luchamos tanto?

vivo en la carne, lo vivo en la fe del Hijo de Dios,
el cual me amó y se entregó a sí mismo por mí.

Gálatas 2:20

Hemos intercambiado nuestras vestiduras de injusticia y, en su lugar, nos hemos revestido de la gloria de Dios, que es un manto de justicia.

El texto de Primera de Corintios, Pablo lo escribió porque algunos creyentes no entendían lo que hacían cuando recibían el pan y el vino de la cena del pacto de sangre del Señor, y algunos se enfermaban, y otros morían. Podríamos preguntarnos, ¿que relación podría haber entre la mesa del Señor, la sanidad física y la muerte?

Cuando los hijos de Israel compartieron su primera comida de Pascua en Egipto, el pueblo había estado viviendo en esclavitud durante más de cuatrocientos años. Pero llegó el momento en que Dios envió a Moisés y estuvo listo para sacarles de Egipto y guiarles a la tierra prometida. Para convencer a faraón que dejara ir a su pueblo, Dios tuvo que enviar una serie de plagas sobre Egipto, plagas que atribularon grandemente a los ciudadanos de Egipto sin dañar a los esclavos hebreos.

En la última plaga, Dios mandó al ángel de la muerte para matar al hijo primogénito de cada familia de los egipcios. Para asegurar que las familias que confiaban en Dios no fuesen tocadas por el ángel de la muerte, Dios dio instrucciones para protegerlas.

Socios del pacto … con Él

Cada familia tenía que preparar un cordero para el sacrificio. Cuando el cordero fue muerto tenían que tomar un manojo de hisopo, mojarlo en la sangre del cordero y untar el dintel y los postes de sus puertas. Dios prometió pasar sin tocar aquel hogar donde Él viera la sangre:

> *Porque Jehová pasará hiriendo a los egipcios; y cuando vea la sangre en el dintel y en los dos postes, pasará Jehová aquella puerta, y no dejará entrar al heridor en vuestras casas para herir.*
> Éxodo 12:23

El término *"pasará"* en este pasaje significa mucho más que sencillamente el Señor pasaría por encima de la casa. Expresa que el Señor "cubriría", "se detendría", o que Él "se pararía". Dios estaba indicando que Él vendría a pararse entre Israel y sus enemigos, no solamente entre ellos y el ángel de la muerte. Él se ofrecía como una cobertura, una protección, para su pueblo, parándose entre ellos y aquellos que buscaran hacerles daño. La sangre de nuestro Cordero pascual, Jesucristo, nos ofrece la misma protección. Es su sangre que está entre nosotros y nuestros enemigos. No es nuestro dinero, poder, prestigio, denominación, apariencia, raza, ni ninguna cosa más que nos protege.

Cuatrocientos años de esclavitud trajeron para el pueblo sufrimiento inimaginable. El pueblo fue, sin duda, afligido con muchas enfermedades. Como esclavos, se les permitía bañarse raras veces, su dieta era mala, y trabajaron para jefes que no les mostraban misericordia, ni preocupación por su bienestar.

Luego Dios les habló:

Y quitará Jehová de ti toda enfermedad; y todas las malas plagas de Egipto, que tú conoces, no las pondrá sobre ti. Deuteronomio 7:15

El milagro ya había comenzado cuando Moisés sacó al pueblo de Egipto:

Los sacó con plata y oro; y no hubo en sus tribus enfermo. Salmo 105:37

¿Cómo es posible? Era un grupo muy grande de personas. Había sido maltratado, mal alimentado, y sobrecargado de trabajo durante largos años. Sin embargo, no había entre ellos ni un solo enfermo. ¡Qué milagro!

Estoy convencida de que el milagro vino cuando participaron del Cordero Pascual, porque hay sanidad en el Cordero, como predijeron los profetas:

Por su llaga fuimos nosotros curados.
Isaías 53:5

Socios del pacto ... con Él

Cuando recibas la Cena del Señor, y cuando participes del pan y el vino, recuerda: Estás participando del Cordero y su sangre derramada, y hay para ti, y para mí, sanidad en el Cordero.

Pedro cita esta misma Escritura para hacerla parte del Nuevo Testamento, así que, sabemos que esta promesa de sanidad no fue tan solamente para los tiempos del Antiguo Testamento. Podemos tener estos beneficios del pacto hoy, y he visto esta verdad funcionar muchas veces.

Cuando recién llegué al Señor, en el altar de aquella pequeña iglesia en el estado de Arkansas, aquel miércoles en la noche, a mis quince años de edad, hubo un cambio dramático en mi vida. Fue tal que mi mamá fue a la misma iglesia el viernes en la noche de esa semana para ser salva también. Las dos nos bautizamos juntas el domingo siguiente.

Mi mamá había sufrido terribles migrañas desde que yo recuerdo, mas en el momento en que ella recibió a Jesús como su Señor y Salvador, desde el momento en que ella participó del Cordero, ella nunca fue atormentada por otra migraña, que yo sepa.

No todos experimentan una sanidad tan notable de cada enfermedad. Algunos reciben su sanidad progresivamente. Mientras maduramos, encuentro que el Señor requiere de nosotros mayor perseverancia e insiste en que le busquemos como parte del proceso en nuestra sanidad. Con todo, somos sanados.

¿Por qué luchamos tanto?

Debemos seguir afirmando que "Jesús cargó mis sufrimientos, mis dolores, mis tristezas, y mis enfermedades en su propio cuerpo sobre el madero. Yo sé lo que Dios me ha prometido y, porque yo le amo y confío en Él, y porque Él es mi Dios en el pacto, yo creo que Él me sigue ayudando en todas mis necesidades".

Su sacrifico en el Calvario fue por mucho más que nuestros padecimientos físicos. El profeta escribió:

Ciertamente llevó Él nuestras enfermedades, y sufrió nuestros dolores; y nosotros le tuvimos por azotado, por herido de Dios y abatido. Mas Él herido fue por nuestras rebeliones, molido por nuestros pecados; el castigo de nuestra paz fue sobre Él, y por su llaga fuimos nosotros curados.

Isaías 53:4-5

Jesús cargó nuestros *"dolores"*. La palabra hebrea que se utiliza significa "vergüenza, culpabilidad y fracaso". Gracias a Dios que Él cargo todo. No te quedes con tu vergüenza, sentimiento de rechazo, o desánimo. Dale todo a nuestro Salvador. Él ya ha cargado el dolor y Él quiere que recibas tu sanidad ahora.

CAPÍTULO 4

ENFRENTANDO NUESTRO PECADO ... PERO NO SOLOS

Si confesamos nuestros pecados, Él es fiel y justo para perdonar nuestros pecados, y limpiarnos de toda maldad. 1 Juan 1:9

El enemigo común que todos enfrentamos es la tendencia a pecar. Y, si el pecado no fuese suficiente, el enemigo busca utilizar nuestras debilidades para aprovecharse y hacernos dar la espalda a Dios, avergonzándonos. El diablo es un mentiroso y el padre de toda mentira. Si te has sentido que Dios no te puede perdonar por causa del pecado que has cometido repetidamente, si has estado pensando que Él no te puede usar para ningún propósito útil a causa de tus imperfecciones, si piensas que estás más allá de la capacidad de Dios para salvarte, entonces, puedes estar seguro de que el enemigo ha estado susurrando en tu oído. Si eres creyente: ¡El mismo Cristo quien triunfó sobre el pecado mora en ti, y tú eres victorioso en Él! Jesús fue victorioso sobre el pecado en su vida, en su muerte, y en su resurrección; y Él puede triunfar sobre el pecado en nosotros también.

¿Qué debemos hacer cuando descubrimos el pecado en nuestras vidas? Las Escrituras hablan claramente: Debemos confesar, arrepentirnos, y pedirle a Dios su perdón y pedirle que nos ayude a no cometerlo otra vez. *"Él es fiel y justo"* y Él perdonará nuestros pecados. Él nos limpiará de toda maldad. Estas son promesas poderosas que no debemos tomar a la ligera.

Dios conoce la sinceridad de tu corazón. Cuando Él oye tu oración penitente, siempre te responderá positivamente. Si andas humildemente delante de Él, aun tu propio fracaso no puede impedir que las bendiciones de Dios te lleguen. Eres victorioso por medio de Cristo.

Por el mismo hecho que hemos entrado en un pacto de sangre con Dios por medio de Jesucristo, nuestro Dios guerrero puede luchar a nuestro favor. Por tener una relación basada en un pacto, nuestros enemigos son también los enemigos de Él.

Enfrentando nuestro pecado ... pero no solos

Una porción de la escritura que es mi favorita se encuentra en Deuteronomio 28:7 :

Jehová derrotará a tus enemigos que se levantaren contra ti; por un camino saldrán contra ti, y por siete caminos huirán de delante de ti.

Hágale recordar a Dios las promesas del pacto. Es de vital importancia que lo hagamos así porque demuestra que estamos confiado en Él. No importa lo que puedas estar enfrentando en tu vida, Dios está de tu parte; aun cuando no eres perfecto.

El testimonio de los reyes del Antiguo Testamento, quienes enfrentaban enemigos poderosos, son ejemplos de este aspecto. Ezequías era uno de los reyes piadosos de Judá. Cuando los enemigos amenazaron su reino, él se presentó delante del pueblo y los desafió con estas palabras:

Esforzaos y animaos; no temáis, ni tengáis miedo del rey de Asiria, ni de toda la multitud que con él viene; porque más hay con nosotros que con él. Con él está el brazo de carne, mas con nosotros está Jehová nuestro Dios para ayudarnos y pelear nuestras batallas.   2 Crónicas 32:7-8

Posiblemente no tenemos un enemigo físico con ejércitos marchando contra nosotros, pero sí tenemos enemigos emocionales que son igualmente peligrosos y amenazantes, y aun así podemos asirnos de esta promesa. Él nos ayudará y peleará *"nuestras batallas"*.

La parte del Nuevo Testamento que contiene esta promesa fue dada por medio de Juan a la Iglesia:

Porque mayor es el que está en vosotros, que el que está en el mundo.   1 Juan 4:4

No importa que tipo de enemigo venga contra ti, recuerda una cosa: El poder de tu enemigo no puede compararse con el poder del Señor Dios Todopoderoso quien mora dentro de ti, si es que has recibido a Jesucristo. Resiste la tentación de caer en pánico, y simplemente pídele a Dios que venga a tu auxilio, para levantarte contra tus enemigos. Él te ayudará. Él no está solamente en el cielo. Él mora en ti.

Dios es omnipotente, omnisciente, y omnipresente, lo que significa que Él es todopoderoso, lo sabe y conoce todo, y está en todo lugar. Él está contigo siempre, dondequiera que estés. Clámale cuando te encuentres en dificultades. Dile, "Oh Dios, no puedo hacerlo por mi cuenta. ¡Necesito tu ayuda!" Él no menospreciará tu debilidad, mas Él te mostrará su fortaleza en medio de tu debilidad, y Él pondrá armamentos en tus manos que te permitirán vencer a tu enemigo.

Con el ejemplo del Rey Josafat de Judá veamos algunas de las armas secretas que Dios nos ha dado.

Enfrentando nuestro pecado ... pero no solos

Hubo un momento en que tres grandes enemigos, los moabitas, los amonitas y los meunitas, se juntaron para hacer guerra contra este varón de Dios. Cuando Josafat lo supo, él buscó a Dios, invocando al pueblo para que buscaran al Señor en una asamblea solemne. La gente se juntó en todas las ciudades de Judá y el rey personalmente les guió en ayuno y oración al Todopoderoso. Este es un ejemplo maravilloso que cada uno debemos seguir.

Si nunca has ayunado, o si no lo haces a menudo, estás perdiéndote de uno de los armamentos espirituales más poderosos que Dios ha dado a la Iglesia. El ayuno se ha vuelto como un arte perdido entre los creyentes modernos. Mas, tiene muchos beneficios, tanto físicos como espirituales. Dios requiere que el ayuno sea parte de nuestra búsqueda de Él.

Jesús no les dijo a sus discípulos, "Si ayunas...". Él les dijo, *"Cuando ayunes..."* (Mateo 6:17). Él esperaba que su pueblo ayunara, así como Él también esperaba que orasen y que ofrendasen.

El ayuno nos permite someter a nuestros cuerpos para que nuestros espíritus puedan tocar el borde del manto del Maestro y abrir paso para que podamos oír la voz de Dios con mayor eficacia. El ayuno demuestra que somos serios en nuestra relación con Él.

El ayuno no es una forma que podemos usar para obligarle a Dios a tomar cierta acción que deseamos. Es, entonces, una manera de ubicarnos para poder oír a Dios y poder cooperar con Él. También nos ayuda a conocer y cumplir su perfecta voluntad para nuestras vidas.

Los hijos de Israel ayunaban unidos, todos al mismo tiempo. Es importante que ayunemos juntos con otros creyentes de vez en cuando, y que también ayunemos individualmente. Investigaremos el poder del ayuno con mayor profundidad en un capítulo posterior.

La segunda acción de Josafat y su pueblo fue clamar públicamente, en oración, al Señor. Este acto se constituyó en un paso importante. Nuestro Señor es más precioso para nosotros que cualquier tesoro perdido, y tenemos que dedicar tiempo y energía en la búsqueda de su rostro. Él ha prometido responder a nuestro clamor:

Pedid, y se os dará; buscad, y hallaréis; llamad, y se os abrirá. Mateo 7:7

Dios está siempre presente, aun cuando no sentimos su presencia. A veces Él quizás quite la consciencia de su presencia durante un tiempo para ver cuál es nuestra reacción. Cuando esto sucede, no debemos vacilar ni dudar. Él está presente. Él oye nuestro clamor y nos responderá. Él está solamente comprobando nuestra sinceridad. Seguir buscándole demuestra nuestra determinación para tener lo mejor de Dios para nuestras vidas.

Mientras oraba, Josafat reconoció que Judá necesitaba al Señor:

No sabemos qué hacer, y a ti volvemos nuestros ojos. 2 Crónicas 20:12

Esta actitud fue excelente y aseguró el éxito del rey. Si hay una cosa que puede asegurar nuestro éxito en la vida, es el fijar nuestros ojos en el Señor. Algunos tenemos nuestras mentes tan enfocadas en los eventos del día, y estamos tan ocupados por ellos, que no podemos seguir concentrados en lo que Dios está hablando. Estamos enfocándonos en el problema, mas no en la solución, y esto puede resultar mortal. Fijemos nuestros ojos en Jesús, porque Él es mayor que todos los problemas que pudiéramos enfrentar.

Cuando no estás seguro de cómo debes orar en una cierta situación, no te preocupes. Simplemente pon tus ojos en el Señor. Confiesa ante Él que no sabes lo que debes decir, o lo que debes pedir, o cómo le puedes entregar tus cargas, porque no las entiendes. Él vendrá a tu auxilio.

Pasar tiempo en adoración al Señor es mucho más importante que presentarle tu lista de peticiones. Concéntrate en Él y en sus promesas, y mientras te concentras en Él, sé sensible para oír lo que Él pueda hablarte. Te sorprenderás. Él tiene tanto que decirnos, si tan solamente estamos dispuestos a escuchar.

Todos experimentamos momentos en que literalmente no sabemos lo que debemos hacer, pero si reconocemos que Dios sí sabe que hacer, nos acercamos más a la victoria.

Sigue alabándole al Señor en toda situación.

Había otro secreto que el pueblo de Judá empleaba:

Y todo Judá estaba en pie delante de Jehová, con sus niños y sus mujeres y sus hijos.
2 Crónicas 20:13

¡Es una declaración asombrosa! Eran personas que tenían sus ocupaciones, con muchos quehaceres y sus vidas estaban amenazadas. Sin embargo, *"todo Judá"* simplemente *"estaba en pie delante de Jehová."* Para mí, este es uno de los secretos más grandes para vencer al enemigo en cada área de nuestras vidas (y es lo que menos se hace en nuestra época), esperar en el Señor.

Josafat había ayunado y orado. Él había adorado a Dios. Ahora, sólo necesitaba esperar. Nos parece tan difícil esperar en los tiempos actuales. Estamos todos tan ocupados, tan programados, y tan llenos de obligaciones. No tenemos tiempo para esperar. Aún así, Dios nos está exigiendo que esperemos delante de Él y que le permitamos obrar a su manera y en su tiempo:

Pero los que esperan a Jehová tendrán nuevas fuerzas; levantarán alas como las águilas; correrán, y no se cansarán; caminarán, y no se fatigarán.   Isaías 40:31

La frase hebrea traducida con las palabras *"los que esperan"* significa "aquellos, quienes están *trenzados* juntos con Dios; los que le han permitido a Él ser la *trenza* fuerte". Si esperamos tener éxito en la vida, debemos estar ligados, o atados y juntamente entretejidos con la trenza fuerte de Dios. Le damos a Él nuestras debilidades y a cambio Él nos da su fortaleza. Le damos nuestros temores y a cambio Él nos da su valentía. Le damos nuestras faltas y a cambio Él nos da su abundancia. ¡Qué maravilloso! Vale la pena esperar. Déjate ser ligado juntamente con Dios. Apóyate en Él, y Él será tu fortaleza.

La oración pública del rey Josafat no se hizo para motivar a la gente y así alistarles para la guerra, agitándoles a la lucha o tratando de prepararles psicológicamente para combatir. De verdad él buscaba la ayuda de Dios, y él confiaba que Dios vendría a socorrerle y el rey estuvo dispuesto a darle a Dios tiempo para hacer su obra. Josafat esperó, y no fue defraudado, porque el esperar en Dios, de esta manera, es una parte de la oración tan importante como lo es hacer la petición. Josafat le había recordado a Dios que eran descendientes de Abraham, y que la tierra pertenecía a Judá, no a los ejércitos enemigos que estaban avanzando contra ellos. El se apoyó totalmente en el Dios guardián del pacto.

Y así todos de pie esperaron oír lo que Dios diría, y lo que Él haría. Pero el enemigo seguía avanzando.

Llegó un momento, mientras esperaban, que Dios les respondió. De repente un profeta se paró en medio del pueblo. Se llamaba Jahaziel, y él habló la palabra de Dios para aquel momento. La primera palabra que salió de su boca fue muy importante: "*¡Oíd!*" (2 Crónicas 20:15).

A veces somos tardos para oír lo que Dios nos está hablando por estar demasiado ocupados escuchando a todos y todo lo que pasa alrededor. Casi no tenemos tiempo, peor paciencia, para oírle a Dios. ¡Oíd! Si escucháramos lo que Dios nos está hablando, tendríamos menos problemas.

Cuando los discípulos estuvieron en el monte de la transfiguración con Jesús, estaban tan emocionados por lo que vieron que querían hacer algo. Pedro dijo, "Hagamos aquí tres enramadas". Fue entonces que oyeron una voz del cielo que decía:

¡Este es mi Hijo … a él oíd!   Mateo 17:5

Enfrentando nuestro pecado ... pero no solos

Muchas veces llevamos nuestra lista de peticiones delante de Dios y le leemos lo que dice, como si Él no supiera nuestras necesidades. Me pongo a pensar: ¿Por qué nos escucha? Pero, Él lo hace.

No obstante, cuando llega el momento para escuchar a Dios, muchos no lo hacemos. Es trágico, porque la palabra que Él nos quiere hablar es mucho más importante que cualquier cosa que podríamos decirle a Él. *¡Oíd!*

¿Qué fue, entonces, lo que Dios quiso decir a su pueblo?

No temáis ni os amedrentéis delante de esta multitud tan grande, porque no es vuestra la guerra, sino de Dios. Mañana descenderéis contra ellos. ... Paraos, estad quietos, y ved la salvación de Jehová con vosotros. ... Salid mañana contra ellos, porque Jehová estará con vosotros.

2 Crónicas 20:15-17

No hay como equivocarse: ¡Dios lucha por su pueblo!

Lo que sigue en la narrativa bíblica es muy importante para nuestra victoria final:

Entonces Josafat se inclinó rostro a tierra, y asimismo todo Judá y los moradores de Jerusalén se postraron delante de Jehová, y adoraron a Jehová. Y se levantaron los levitas de los hijos de Coat y

¿Por qué luchamos tanto?

de los hijos de Coré, para alabar a Jehová el Dios
de Israel con fuerte y alta voz.

2 Crónicas 20:18-19

La humildad y la alabanza van juntos. Cuando reconocemos que somos nada y que Dios es todo, hemos dado un paso más cerca a la victoria.

La explosión espontánea de humildad y alabanza de parte del rey y de todas las personas no era solamente una respuesta emocional a la profecía que se había pronunciado. El pueblo genuinamente adoraba al que les traería la liberación. Estaban alabando al mismo en quien habían confiado. Sus vidas estaban en las manos de Dios, y esto les trajo alegría. ¿Habrá alguien a quien se le puede confiar más que a Dios?

La oración y el ayuno, el esperar en el Señor y el oír su respuesta, son vanos si nunca aprendemos la importancia de la obediencia. Cuando se levantaron por la mañana los varones de Judá salieron al desierto de Tecoa en obediencia a lo que el Señor les había dicho por medio del profeta. Josafat tuvo unas palabras de despedida para compartirles:

Y cuando se levantaron por la mañana, salieron
al desierto de Tecoa. Y mientras ellos salían,
Josafat, estando en pie, dijo: Oídme, Judá y mora-
dores de Jerusalén. Creed en Jehová vuestro Dios,

*y estaréis seguros; creed a sus profetas, y seréis
prosperados.*   2 Crónicas 20:20

La fe y la obediencia van juntos. Si creemos a Dios,
debemos obedecerle. ¿Y por qué no obedecemos?
Dios sabe exactamente lo que Él está haciendo, y no
podemos perdernos siguiendo sus mandamientos.

Muchas veces, obedecer a Dios requiere que em-
pleemos algún método poco ortodoxo. A estas
alturas el rey Josafat empleó una estrategia de batalla insólita. En vez de enviar a la infantería primero,
o a los arqueros, o a los guerreros con sus lanzas, él
envió adelante un grupo de cantores y adoradores
para asaltar al enemigo:

*Y habido consejo con el pueblo, puso a algunos
que cantasen y alabasen a Jehová, vestidos de or-
namentos sagrados, mientras salía la gente
armada, y que dijesen: Glorificad a Jehová, porque su misericordia es para siempre.*
                                              2 Crónicas 20:21

El siguiente versículo demuestra lo que pasó
cuando estos soldados espirituales especiales fueron enviados delante de los guerreros armados y
comenzaron a adorar al Señor:

*Y cuando comenzaron a entonar cantos de ala-
banza, Jehová puso contra los hijos de Amón, de*

¿Por qué luchamos tanto?

Moab y del monte de Seir, las emboscadas de ellos mismos que venían contra Judá, y se mataron los unos a los otros.   versículo 22

Dios tuvo un plan para la salvación de su pueblo y Él supo como llevarlo adelante exitosamente. Al ser su pueblo obediente, ayunando, orando, escuchando y obedeciendo la palabra que el profeta había dado, y alabando al Señor, anticipando la victoria. Fue de esta manera que el Señor confundió al enemigo, haciendo que se mataran entre ellos mismos. Los hijos de Amón y los de Moab comenzaron a matar a los del monte de Seir, y cuando acabaron, se volvieron contra ellos mismos también. A la hora en que los hombres de Judá llegaron, lo único que vieron fueron cuerpos muertos esparcidos por todas partes. No quedó ni siquiera un soldado enemigo para pelear. *"Ninguno había escapado"*, (versículo 24). ¡Qué maravilloso es el Dios a quien servimos!

Nunca temas la batalla, porque cuando termina podrás tomar para ti el botín. Todos los soldados enemigos estaban muertos, así que, lo único que quedó para Josafat y sus hombres fue el recoger el botín de la batalla. Sin embargo, no resultó ser algo tan fácil. Lo que encontraron fue tan abundante que les llevó tres días para recogerlo todo.

Mi amigo, el botín de la guerra nos está esperando. Satanás nos ha robado por mucho tiempo; ha robado a nuestros hijos, nuestros matrimonios, nuestro dinero, y nuestro gozo. Ha llegado la hora de la restauración. Es tiempo que Satanás reponga todo lo que ha robado y que nosotros recojamos el botín de la guerra.

Dios está dispuesto, no solamente a enfrentarse con nuestros enemigos y obligarles a que se vuelvan atrás, sino Él también está listo para restaurarnos todo cuanto el enemigo nos ha robado a través de los años. ¡Gloria a Dios! Esto no significa que Él haga regresar a un cónyuge divorciado, aunque puede suceder, y tampoco significa que Él haga regresar de los muertos a un ser querido. Pero Dios hará que tú recibas tu galardón por confiarle, y será mucho mejor que antes. Recuerda:

Y bendijo Jehová el postrer estado de Job más que el primero. Job 42:12

¿Qué habrían estado pensando los hijos de Israel durante aquellos tres días que les llevó para cargar el botín de la guerra? Lo que había comenzado amenazando la existencia futura de Judá, terminó como una bendición llena de prosperidad. Esto es lo que nuestro Dios desea hacer para todos sus hijos.

¡Dios está de nuestro lado! ¡Él luchará por nosotros! Él no quiere vernos derrotados. Él desea que le busquemos, que reconozcamos su palabra en nuestras vidas, que seamos un pueblo de alabanza que esperemos en el y le obedezcamos y después veamos cuando Él destruya a nuestros enemigos y nos deje el botín de la guerra.

Si podemos recordar estas armas secretas y utilizarlas, veremos que la ruina causada por el pecado será remediada y nuestras vidas restauradas. Mas, no importando lo que suceda, aun si seguimos imperfectos hasta su venida, Él todavía nos ama y está con nosotros, y es nuestro Gran Defensor.

¿Por qué no le permitimos que nos de el plan de batalla para llevarlo a cabo en el poder de su fortaleza? El resultado final será siempre la victoria.

CAPÍTULO 5

VICTORIA ASEGURADA
... EN TODO TIEMPO

Mas estas cosas sucedieron [a los Israelitas] como ejemplos para nosotros, para que no codiciemos cosas malas, como ellos codiciaron. 1 Juan 1:9

Como un creyente, yo sé que cuando estoy pasando una época difícil en mi vida, hay muchos otros cristianos que están viviendo las mismas experiencias. Somos el cuerpo de Cristo, y Dios nos habla y con nosotros trata como un cuerpo, pero también, individualmente. En momentos que Él está obrando en una forma específica en mi vida, yo sé que Él está obrando por igual en las vidas de

onas que se beneficiarían al conocer lo
hecho por mí.

... nemos la seguridad que todas las cosas
nos ayudan a bien, sabemos que todo lo que Dios
permite suceder en nuestras vidas nos está perfec-
cionando, haciéndonos más a la imagen de Cristo.

El diablo quiere que le miremos a él y que nos
fijemos en aquello que nos está cambiando, y no en
los propios cambios que están ocurriendo en nuestras
vidas. El enemigo quiere que nos concentremos en
nuestras luchas actuales y quiere desviar nuestra
mirada del hecho que Dios está en pleno control de
nuestras vidas y que, en toda situación, Él está reinando soberanamente.

Por lo tanto, lo mejor que podemos hacer, cuando estamos experimentando alguna prueba en la
vida, es mirar a Dios y decirle, "Señor, confío en ti y
pongo mi mirada en ti. No entiendo por qué estoy
sufriendo esta dificultad, pero tú, sí. No sé cuál es
la respuesta a mis problemas, pero tú sí. No sé cómo
ganar esta batalla, pero sé que tú sí lo sabes. Nunca
dejaré de confiar en ti".

Aunque confiamos en el Señor no debemos esperar poder, ni intentar, enfrentar nuestras batallas a
solas. Como miembros del cuerpo de Cristo, nos
necesitamos. Satanás es un lobo vestido de oveja, y
el lobo siempre busca a las ovejas más débiles, yendo tras aquellas que están quedándose atrás del
rebaño, o que en alguna manera se han separado
del grupo. Andar a solas nos hace vulnerables al

ataque. Así que, manten una buena relación con tus hermanos y tus hermanas en Cristo.

El período del Éxodo fue crucial en la historia de Israel. Los hijos de Israel habían estado en esclavitud en Egipto durante un período demasiado largo. Egipto es un símil del mundo. Sabemos lo que significa estar sometido a la esclavitud del mundo. Hemos estado atados por sus tradiciones, por sus expectaciones, y por sus ideas. De buena gana abrazamos el mundo, hasta que Dios nos dijo, "Salid de en medio de ellos. Te quiero para mi reino".

Ahora, aunque todavía vivimos en esta tierra, ya no tenemos el sistema del mundo dentro de nosotros. Estamos bajo el liderazgo y la autoridad de Jesús, y lo disfrutamos totalmente.

Al llegar a ser parte del reino de Cristo, y permitirle ser el Rey de nuestras vidas, llegamos a conocer su justicia y su paz. Estamos llenos de su Espíritu y experimentamos su gozo. Además, le llenamos de gran gozo. Él siempre nos ha amado y ha deseado lo mejor para nosotros; así que, Él se regocija viéndonos bendecidos en su reino.

Israel en el Antiguo Testamento fue un tipo, o patrón, de la Iglesia, un prototipo de lo que debemos ser, un ejemplo que nos ha sido dado. Así como debemos emular sus buenos atributos, debemos aprender lecciones de sus errores.

En la Biblia, tenemos una historia larga y detallada de las luchas de Israel, repleta de éxitos y fracasos. Son ejemplos que nos ayudan en el camino hacia nuestra tierra prometida para no caer en las trampas en que fueron atrapados los hijos de Israel.

Cuando los israelitas salieron de Egipto, experimentaron un período corto de paz y prosperidad no usual. Estaban cargados de los beneficios que sus vecinos egipcios, tan espantados, les regalaron, y estaban yendo gozosamente hacia su propia tierra y un futuro brillante. Poco sospechaban que el Mar Rojo estaba en su camino, que el ejercito de Egipto les perseguiría, que tendrían que cruzar el territorio de tribus poco escrupulosas y poco amistosas, y que serían probados de muchas maneras antes de llegar a su destino final. En esos momentos, ellos eran como bebés inocentes en su experiencia con Dios, sin ningún concepto de cómo Dios obra.

De la misma manera, Dios, a menudo guía a los nuevos convertidos con ternura hasta que hayan adquirido fuerza. Los nuevos nacidos en Cristo no son enviados inmediatamente a la batalla, y muchas veces, Dios hace milagros especiales para animarles.

Si necesito que alguien ore por mí, y quiero la respuesta de inmediato, a veces busco a un creyente nuevo que ore por mí, porque me ha parecido que a ellos Dios les contesta más rápido. Son como los bebés en la carne, recién nacidos, que lloran, queriendo su alimento, y a causa de su inocencia e incapacidad, reciben la atención que buscan.

Victoria asegurada ... en todo tiempo

Después, de que ya hemos andado con el Señor durante un tiempo, Él nos permite aprender a ser perseverantes en la oración. Ya no tenemos que tener una respuesta inmediata. Ya sabemos que Dios está con nosotros y suplirá nuestra necesidad en su tiempo. Por lo tanto, nos volvemos menos exigentes con Dios y confiamos más en su bondad.

Al marchar Israel de Egipto, Israel experimentó algunos de los milagros más maravillosos de la Biblia. Dios envió su presencia delante del pueblo en una forma visible y palpable. Durante el día tomó la forma de una columna de nube, y por la noche, fue una columna de fuego. La columna no solamente les proveía de guía, sino también de protección. Y por la noche la columna de fuego les alumbraba.

Gracias a Dios, Él no ha cambiado en este aspecto. De día y de noche Él nos guía con su Espíritu. Cuando todo parece alumbrado y bueno, Él está presente, y cuando viene la obscuridad, con problemas y preocupaciones, su presencia sigue siendo más real que nunca. En los momentos de más obscuridad en nuestras vidas Dios siempre nos dará suficiente luz para caminar paso a paso.

Cuando las cosas están marchando bien, no nos resulta difícil darnos cuenta de que Dios nos está guiando. Sin embargo, debemos aprender que cuando todo parece estar mal, Él aún nos sigue guiando. Por lo tanto, no tenemos que temer la noche. No hay razón para tener pánico cuando nos acercamos a los "Mares Rojos" de la vida. Estamos seguros en su dirección y tan solamente debemos seguirle, paso a paso.

Después de que el Faraón había dejado libre a los israelitas, él se arrepintió. La pérdida de una fuerza de trabajo tan valiosa no era aceptable. El tenía que traerlos de regreso. Por eso, llamó a su ejército, el ejército más poderoso del mundo en aquel tiempo.

En Egipto, se ejercía mucha discriminación en la selección de hombres para el ejército, aceptando solamente a los reclutas más valientes. Los mejores eran seleccionados y entrenados en las fuerzas armadas. La disciplina de los soldados egipcios era renombrada.

El día que Faraón les mandó para hacer regresar a los esclavos, tenían seiscientos de los mejores carros de a caballo entre las tropas de punta. No era posible que fracasaran.

Por fin, cuando alcanzaron a los esclavos hebreos que huían, se acercaban al Mar Rojo. Al ver como venían los carros, levantando una nube de polvo, los hijos de Israel se han de haber aterrorizado. Nosotros creemos que tenemos problemas, pero imagínate a cientos de carros de a caballo y múltiples millares de soldados, todos persiguiéndote. Es difícil imaginarse lo atemorizados que han de haber estado. Sin embargo, hay momentos que nos sentimos tan amenazados como ellos se sentían.

Mas, lo que hacemos en estas situaciones determinará si es nuestra la victoria o la derrota. Si nos concentramos demasiado en el problema, se nos hará muy difícil, y nos quedaremos desanimados. Dios nos está diciendo, "No mires el problema. Mírame a mí. Da la espalda al problema y vuélvete a mí". Y fue esto mismo lo que Moisés compartió con el pueblo:

> *Y Moisés dijo al pueblo: No temáis; estad firmes, y ved la salvación que Jehová hará hoy con vosotros; porque los egipcios que hoy habéis visto, nunca más para siempre los veréis. Jehová peleará por vosotros, y vosotros estaréis tranquilos.*
>
> Éxodo 14:13-14

Posiblemente esto suena demasiado sencillo para algunos. Sentimos que debemos *hacer* algo, y hacerlo rápidamente. Nos ponemos muy ansiosos, y estamos muy sobrecogidos por nuestros temores. Nuestras sienes comienzan a palpitar y nuestros corazones comienzan a latir velozmente. Nos es difícil pensar bien, y una desesperación total se apodera de nosotros.

No obstante, la desesperación no es una emoción mala cuando Dios está de tu parte. Estoy siempre dispuesta a hacerme a un lado para que Él haga la obra por mí. Y Él nos está diciendo a cada uno, "Permíteme luchar por ti. Vuelve tu rostro hacia mí. Fija tu vista en mí y mírame derrotar a todos tus enemigos. No temas. Confía sólo en mí". ¿Por qué tenemos tanto problema confiando en Dios? Él nunca ha cambiado, y así como luchó por Israel en el Mar Rojo, Él quiere luchar de parte nuestra en la actualidad.

Lo que Dios mandó hacer a los hijos de Israel aquel día fue muy sencillo. Un sólo hombre, Moisés, tuvo que extender sus brazos sobre el mar. Fue un simple acto de fe, y Moisés obedeció, y vino la liberación.

Durante toda la noche el Señor envió un viento que soplaba sobre todo el mar y causó que las aguas fuesen divididas, creando un camino donde los israelitas pudieron cruzar. Entre tanto, lo único que pudieron hacer los hombres y las mujeres, los niños y las niñas, era vigilar y esperar. ¡Qué noche ha de haber sido!

Los hebreos no tuvieron muchas posibilidades para escoger lo que debían de hacer. O bien podían confiar en Dios y andar por la fe, o bien morir en las manos del enemigo, o volverse a la esclavitud en Egipto. ¡No había mucha opción! Sin embargo marcharon. Tuvieron que confiar en Dios. Era desesperante, pero tuvieron que creer.

Si llega a tu vida un momento de desesperación tan grande, o no, Dios puede quitar todo obstáculo con el viento de su Espíritu y limpiar el camino que puedas seguir:

Y extendió Moisés su mano sobre el mar, e hizo Jehová que el mar se retirase por recio viento oriental toda aquella noche; y volvió el mar en seco, y las aguas quedaron divididas. Entonces los hijos de Israel entraron por en medio del mar, en seco, teniendo las aguas como muro a su derecha y a su izquierda. Y siguiéndolos los egipcios, entraron tras ellos hasta la mitad del mar, toda la caballería de Faraón, sus carros y su gente de a caballo. Éxodo 14:21-23

Lo que no se imaginaron los israelitas era que los egipcios estaban tan atemorizados como ellos, y con buena razón. Habían presenciado todas las plagas y conocían que Dios había sacado a su pueblo *"con mano fuerte"* y *"con brazo extendido"*. Algunos de ellos decían:

Huyamos de delante de Israel, porque Jehová pelea por ellos contra los egipcios. Éxodo 14:25

Tenían razón. Su fin estaba cerca, pero en el momento en que a Moisés le fue mandado extender su brazo sobre el mar por segunda vez, y él obedeció, las aguas surgieron regresando a su lugar, ahogando cada remanente del poderoso ejército de los egipcios. Si Dios pudo hacer todo aquello por su pueblo, de igual manera Él puede luchar por ti, derrotar a todos tus enemigos, levantar tus cargas, tus cuidados, y tus preocupaciones y darte paz, gozo, y esperanza en lugar de ellos.

¿Por qué luchamos tanto?

Puedes pensar que todo lo adverso que *puede* pasar en tu vida, ya está pasando, pero si vuelves tu rostro a Dios, Él quitará las nubes y te demostrará los cielos azules. Dile, "Señor, ya no tengo fuerzas, ni siquiera sé cómo comenzar la lucha. Me vuelvo a ti, y porque en ti confío, te alabo ahora mismo por la victoria".

Quizás nunca tiembles en su presencia, como hacen algunos. Quizás nunca llores, como otros. Está bien. Posiblemente no sientes que tienes mucha fe. Todos experimentamos momentos de debilidad en este aspecto, y Dios lo sabe. Mas Él está listo para ayudarte.

Pueda que tengas dudas. Todas las tenemos. Tener una duda no es el pecado de incredulidad. La incredulidad sucede cuando la persona decide no creer en Dios. Cuando llegan tiempos difíciles y quedamos débiles, sin fuerzas para resistir y enfrentar cualquier situación en nuestra vida, todos enfrentamos momentos de duda. Pero aún, en esas situaciones, nuestra fe está madurando, y Dios nos recibe en el lugar donde nos encontramos en ese momento en nuestro camino de fe.

¿Qué esperas? Recibe su amor. Recibe su esperanza. Recibe la vida abundante que Él te ofrece.

No fue suficiente que el Señor sacara a su pueblo de Egipto; Él quiso llevarles a la tierra prometida, a Canaán. Al seguir ellos hacia la meta, Él les guió de día en día, proveyendo todas sus necesidades: comida, agua, salud, y hasta sandalias que milagrosamente no se desgastaron. Con el tiempo el pueblo llegó al desierto de Parán.

Cuando llegaron a aquel lugar, el Señor instruyó a Moisés a enviar espías a la tierra de Canaán para reportar lo que encontraran. Moisés escogió un líder de cada tribu y les envió, así como el Señor le ordenó.

Satisfechos de haber visto lo suficiente de la tierra para poder dar un reporte, los espías volvieron. Habían elementos en el reportaje que animaban y otros que desanimaban:

> *Nosotros llegamos a la tierra a la cual nos enviaste, la que ciertamente fluye leche y miel… Mas el pueblo que habita aquella tierra es fuerte… Éramos nosotros, a nuestro parecer, como langostas; y así les parecíamos a ellos.*
>
> Números 13:27-28 y 33

Diez espías tuvieron la opinión que era imposible entrar en la tierra prometida. Pero habían dos, Caleb y Josué, que estuvieron seguros que el pueblo de Dios podía poseer todo lo que Él les había prometido. Pues, Él estaba con ellos y les había traído hasta donde se encontraban.

Moisés no se dejó desanimar por las malas noticias. Pasados los años, cuando él contaba a una nueva generación que había enviado a los espías, cual había sido su reportaje, ni siquiera mencionó el consejo de los diez pesimistas y, en su lugar, se concentró en el consejo de los dos, quienes habían regresado con actitudes positivas, como si los pesimistas nunca hubieran hablado (ve Deuteronomio 1:22-25).

Históricamente, los diez hombres con el reportaje negativo vivieron y fueron cinco veces más numerosos que los que tuvieron el reportaje positivo. Pero Moisés fue dirigido a relatar las palabras de los dos y así olvidar las palabras de los diez. Eso mismo debemos hacer nosotros. Debemos creer la palabra de Dios aun cuando las circunstancias no están de acuerdo.

Los diez hombres se sentían como langostas y pensaban que sus enemigos les habrían visto como tales. En esto, en vez de ser los líderes santos que debían ser, se convirtieron en *"hombres de poca fe"*, una fe solamente del tamaño de una langosta.

Así como Moisés, debemos hacer caso omiso a las personas pesimistas de este mundo y seguir cuidadosamente a tales líderes como Caleb y Josué que están entre nosotros. Si Dios dice que podemos poseer la tierra, entonces la podemos poseer, sin importar lo que digan los demás. "¡No daremos vuelta atrás!" Esto debe ser nuestro constante clamor en la batalla. "¡Adelante! ¡Estamos del lado de los ganadores!" Esta fue la actitud de Moisés al narrar esto a la nueva generación:

Entonces os dije: No temáis, ni tengáis miedo de ellos. Jehová vuestro Dios, el cual va delante de

vosotros, Él peleará por vosotros, conforme a to-
das las cosas que hizo por vosotros en Egipto
delante de vuestros ojos. Y en el desierto has visto
que Jehová tu Dios te ha traído, como trae el hom-
bre a su hijo, por todo el camino que habéis
andado, hasta llegar a este lugar. Y aun con esto
no creísteis a Jehová vuestro Dios…

Deuteronomio 1:29-32

Cuarenta años habían pasado mientras los hijos de Israel siguieron errantes en el desierto y una nueva generación necesitaba conocer cuán generosamente Dios había tratado a su pueblo y por qué no había entrado todavía a la tierra prometida. Ellos habían sido tardos para confiar en el mismo Dios, quien les había liberado.

Ahora, al fin, estaban dispuestos a cruzar el Río Jordan para entrar a Canaán, pero Moisés les daba la última despedida, porque él no les acompañaría. Dios había establecido normas muy altas para su siervo, y cuando Moisés se enojó y actuó en una forma deshonrosa a Dios, Dios le trató rigurosamente y le quitó el privilegio de entrar a la tierra prometida.

Mientras vamos madurando en Dios, crece nuestra responsabilidad, y Él espera más de nosotros. Mientras más cerca andemos con Él, mayor responsabilidad tendremos para andar en su voluntad y en su camino. Es porque hay muchos que nos están mirando para recibir una guía.

¿Por qué luchamos tanto?

Moisés conoció a Dios en una forma muy especial. Él podía oír la voz de Dios, mas cuando se enojó y golpeó la roca para sacar agua, en vez de hablarle sencillamente a la roca, como Dios le había mandado, tuvo que sufrir las consecuencias (ve Números 20:7-11).

Para algunos, podría parecer un asunto insignificante, pero no era insignificante para Dios. La roca simbolizaba a Jesús. Él sería crucificado en una sola ocasión, y Él no necesita que le crucifiquemos vez tras vez con nuestras rebeliones. Dios exige la obediencia de sus siervos.

Debido a la desobediencia de Moisés, Dios levantó a un nuevo líder para la gente, Josué. Y Moisés habló a su nuevo comandante en la presencia de toda la gente:

> Ordené también a Josué en aquel tiempo, diciendo: Tus ojos vieron todo lo que Jehová vuestro Dios ha hecho a aquellos dos reyes [Sehón y Og]; así hará Jehová a todos los reinos a los cuales pasarás tú. No los temáis; porque Jehová vuestro Dios, Él es el que pelea por vosotros.
> Deuteronomio 3:21-22

Moisés hacía referencia a dos reyes terrenales específicos. Pero, ¿qué de los reyes de tu vida? ¿Qué de tus enemigos? Dios ha preparado para ti la victoria sobre ellos mientras sigas confiando en Él.

Victoria asegurada … en todo tiempo

No importa cuál sea el rey de tu problema, no le debes nada. Tú perteneces al Rey Jesús y no debes permitir que ningún rey te lleve a la esclavitud. Tienes que doblegarte solamente ante Jesucristo. Dile a Él, "Mi Dios guerrero, por favor lucha contra este enemigo que ha llegado a mi vida. Tú eres más fuerte que cualquier otro rey. ¡Ven, Señor, y lucha esta batalla por mí!" No importan las circunstancias de tu vida, Dios es mayor. Él está dispuesto, y es capaz, de auxiliarte. Búscale a Él con fe, hoy mismo, y permítele luchar tus batallas.

Tú perteneces al Señor de señores y al Rey de reyes, y no debes servir a otro. Moisés anunció:

Entiende, pues, hoy, que es Jehová tu Dios el que pasa delante de ti como fuego consumidor, que los destruirá y humillará delante de ti; y tú los echarás, y los destruirás en seguida, como Jehová te ha dicho.   Deuteronomio 9:3

El favor de Dios sobre los hijos de Israel no fue dado a causa de la bondad de ellos. De hecho, Moisés los caracterizó como un pueblo de *"dura cerviz"*, que significa "porfiados u obstinados". Obtuvieron el favor de Dios por causa de la bondad de Él. Dios no te bendice por ser un "buen creyente", o porque asistes a la iglesia siempre, o porque oras, o lees tu Biblia, o pagas tu diezmo. Dios te bendice porque Él te ama, y *nada* puede cambiar su amor para con nosotros. ¡NADA!

CAPÍTULO 6

FORTALÉCETE EN EL SEÑOR
... EN EL PODER DE SU FUERZA

Fortaleceos en el Señor, y en el poder de su fuerza. Efesios 6:10

*N*uestro Dios del pacto está de parte nuestra, y Él lucha por nosotros, mas esto no significa que Él desea que sigamos como bebés indefensos, totalmente dependientes de su cuidado por el resto de nuestras vidas. Él desea que maduremos espiritualmente, y por lo tanto, nos ofrece el privilegio de participar, juntamente con Él, en la batalla por la justicia.

Como parte del proceso de llevarnos a la madurez, a veces Dios nos deja enfrentar a ciertas dificultades y luchar en medio de ellas hasta obtener la victoria, aparentemente dejándonos luchar a solas. Sin embargo, nunca tenemos que combatir con nuestra propia fuerza. Aunque somos participantes en la batalla, la victoria final siempre le pertenece a Él. Luchamos *"en el poder de su fuerza"*.

Uno de los temas más populares en la actualidad es la guerra espiritual, pero ésto no indica que luchamos por nuestra propia cuenta. Mas bien, significa que peleamos junto a nuestro Dios a favor de la Iglesia y a favor de los propósitos de Dios, escuchando su guía mientras peleamos por medio de las alabanzas y por medio de la confianza. Si luchamos juntamente con Él, no podemos perder; porque estamos con los que ganan.

Para cumplir con los propósitos de Dios, no solamente debemos fortalecernos en el Señor, debemos ser sabios en Él, sabios para conocer sus caminos y sus pensamientos. Jesús dijo:

> *He aquí, yo os envío como a ovejas en medio de lobos; sed, pues, prudentes como serpientes, y sencillos como palomas.*   Mateo 10:16

¿Qué significa ser *"prudentes como serpientes"*? En Génesis 3:1, leemos que la serpiente era *"astuta"*. En el hebreo, la palabra de la cual se deriva *"astuta"* significa "sutil". La palabra "sutil" significa "que maquina, ingeniosidad, destreza, perspicacia, astucia, ingenioso". Debemos tener un entendimiento profundo que todo lo escudriñe, e inteligencia combinada con un juicio sano.

Personalmente, creo que el llegar a ser creyentes "astutos" (prudentes, ingeniosas y diestros) es más importante que nunca antes, porque estamos viviendo en los tiempos últimos y nos estamos acercando más y más al Día del Señor, el momento de la venida de Cristo. Así que, Dios nos está preparando para ese período único en la historia.

De la manera que los negociantes buscan personas astutas para expandir sus negocios, Dios está buscando a personas en quienes Él pueda confiar sus propósitos divinos y eternos para estos últimos días.

En la parábola del mayordomo astuto, Jesús habló de un hombre, a quien se le contrató para administrar los bienes de otro hombre. Al final, el mayordomo fue *"acusado ante él como disipador de sus bienes"* y se le llamó para rendir cuentas:

Entonces le llamó, y le dijo: ¿Qué es esto que oigo acerca de ti? Da cuenta de tu mayordomía, porque ya no podrás más ser mayordomo.

Lucas 16:2

El mayordomo se perturbó, pensando que iba a perder su trabajo, porque no sabía como podría seguir sosteniéndose económicamente. Así que, diseñó un plan para congraciarse con los que estaban endeudados con su amo. De esta manera, sería recibido en sus casas en caso de que fuera despedido de su trabajo, lo que parecía inevitable a este punto.

Utilizando la autoridad que hasta el momento no se le había quitado, llamó a cada deudor y, cuando llegaban, les redujo grandemente la cantidad que cada uno debía.

La frase última de esta parábola se ha malentendido frecuentemente. Jesús dijo:

> Y *alabó el amo al mayordomo malo por haber hecho sagazmente.*   Lucas 16:8

No estaba indicando que el mayordomo fuera alabado por ser malo. La palabra indica claramente que el mayordomo fue alabado *"por haber hecho sagazmente"*. El ser malo no es una virtud, de ninguna manera, pero los hombres y las mujeres de pensamiento astuto y sagaz deben ser admirados.

Dios está buscando a personas astutas para su equipo. Tenemos un enemigo alborotador que odia a todos los que se llaman cristianos, y no es asunto de simplemente esconderse de él. Tenemos que lanzarnos al ataque y salir a la batalla por lo que es justo. Dios está entrenando a su ejército, y te guste o no, formas parte de este gran ejercito. Debes prepararte para enfrentar la batalla sin temer al enemigo, andando en temor reverente del Todopoderoso.

¿Por qué luchamos tanto?

Dios ha puesto armas asombrosas a nuestra disposición. Aprendamos a conocer nuestras armas y a usarlas con sabiduría:

> *Porque las armas de nuestra milicia no son carnales, sino poderosas en Dios para la destrucción de fortalezas, derribando argumentos y toda altivez que se levanta contra el conocimiento de Dios, y llevando cautivo todo pensamiento a la obediencia a Cristo, y estando prontos para castigar toda desobediencia, cuando vuestra obediencia sea perfecta.*   2 Corintios 10:4-6

Porque nuestros enemigos no son de carne y sangre, nuestras armas no pueden ser de este mundo. Tenemos que utilizar el poder divino para derribar las fortalezas espirituales e invisibles del enemigo. Debemos llevar *"cautivo todo pensamiento a la obediencia a Cristo"*.

A veces, Satanás utiliza a las personas, o un grupo, o un sistema, pero lo más frecuente es que nuestra batalla es contra nuestros propios pensamientos e imaginaciones. Cualquiera que sea el origen del ataque, viene de *"principados ... huestes espirituales de maldad"*. Con la ayuda de Dios, y la cooperación de otros creyentes, podemos derribar toda hueste espiritual de maldad. Así que, busquemos estar armados y vestidos correctamente.

Fortalécete en el Señor … en el poder de su fuerza

En su carta a la iglesia de Éfeso, el Apóstol Pablo instruyó a los creyentes respecto a la guerra espiritual que debían luchar:

Por lo demás, hermanos míos, fortaleceos en el Señor, y en el poder de su fuerza.   Efesios 6:10

No es una personalidad dinámica, ni la abundancia de dinero, lo que dará el éxito a uno en esta lucha. Debemos aprender que nuestra fortaleza viene del Señor y que solamente podemos obtener resultados por medio del *"poder de su fuerza"*.

Pablo continuó:

Vestíos de toda la armadura de Dios, para que podáis estar firmes contra las asechanzas del diablo.   Efesios 6:11

Sé que cada uno de nosotros queremos resistir lo malo, y aceptar la misión divina, el llamado del Dios Todopoderoso. Mas, para esto, tenemos que revestirnos con la armadura que Él ha provisto. No debemos subestimar la batalla que está por delante. Nuestro enemigo es real:

Porque no tenemos lucha contra sangre y carne, sino contra principados, contra potestades, contra los gobernadores de las tinieblas de este siglo, contra huestes espirituales de maldad en las regiones celestes.   Efesios 6:12

¿Por qué luchamos tanto?

En el griego, la palabra *"lucha"* pinta un cuadro interesante. Implica que dos hombres están agarrados, el uno del otro, en combate. Finalmente, el ganador se para sobre su adversario, quien está derrotado, acostado en tierra, y la mano del vencedor está sobre el cuello del vencido. Gloria a Dios por las victorias que Él nos ha dado cuando hemos confiado en Él.

Pero la victoria nunca viene automáticamente. Tenemos que prepararnos para luchar y ganar:

> *Por tanto, tomad toda la armadura de Dios, para que podáis resistir en el día malo, y habiendo acabado todo, estar firmes.*　　　Efesios 6:13

"Habiendo acabado todo": Una traducción más literal de esta frase sería "habiendo vencido todo". Estamos destinados a "vencer todo" y entonces, *"estar firmes".* ¿Y cómo debemos *"estar firmes"?*

> *Estad, pues, firmes, ceñidos vuestros lomos con la verdad, y vestidos con la coraza de justicia, y calzados los pies con el apresto del evangelio de la paz.*　　　Efesios 6:14-15

Primero, tenemos que estar ceñidos por la verdad de la Palabra de Dios, lo que nos permitirá andar en autoridad y en victoria. Así que, debemos guardar nuestras mentes y llenarlas con su verdad.

Fortalécete en el Señor … en el poder de su fuerza

Segundo, tenemos que cubrir nuestro pecho con la coraza de justicia, que no es la nuestra, sino la justicia de Cristo. Mientras permanecemos en Él, su justicia nos protege *"de los dardos de fuego del maligno"* que están buscándonos para hacernos daño.

Nuestros pies deben estar *"calzados … con el apresto del evangelio de la paz"*. En otras palabras, debemos estar listos para actuar prontamente, y es la Palabra de Dios que nos prepara para la acción. Cuando se proclama la verdad, lo que no es verdad se revela como mentira. Nuestra meta, entonces, es proclamar el Evangelio de paz: la Palabra eterna del Príncipe de Paz.

Hay más:

Sobre todo, tomad el escudo de la fe, con que podáis apagar todos los dardos de fuego del maligno.   Efesios 6:16

Una parte muy importante de nuestra armadura es el escudo de la fe. Esto causa problema en algunos, porque se preguntan dónde pueden obtener más fe. Sin fe, no podemos agradar a Dios (Hebreos 11:6), mas Él no espera que nuestra fe sea una fe gigante. La fe es un regalo; es don de Dios (Efesios 2:8). Cuando Cristo mora en nosotros, la fe está presente. De cualquier modo, es nuestro deber nutrir la fe que Dios nos ha dado, y dejar que se madure.

¿Por qué luchamos tanto?

Las Escrituras hablan claramente cómo se puede conseguir esto:

Así que la fe es por el oír, y el oír, por la Palabra de Dios.   Romanos 10:17

Debes alimentar tu fe con la Palabra de Dios, y mientras más alimentas tu fe, más crecerá. No te equivoques, pensando que solamente crece oyendo o leyendo. Es mucho más. Tu fe va madurando mientras vas cumpliendo lo que has leído conjuntamente con las verdades que has oído declaradas por los siervos de Dios. La fe crece por medio de las experiencias que afirman la fidelidad de Dios.

La palabra griega utilizada en Efesios 6:6 para la frase *"el escudo de la fe"* se refiere a un escudo del tamaño de una puerta. No un escudo pequeño detrás del cual nos acobardamos. Dios es tan abundante en su amor y en su cuidado para con nosotros que siempre estaremos completamente cubiertos y protegidos cuando andemos por la fe. Cuando tu escudo de la fe este bien colocado podrás apagar *"todos los dardos de fuego del maligno"*.

¿Qué son los *"dardos de fuego"*? Son palabras ásperas y acciones de personas que Satanás utiliza contra nosotros. Dios nos promete que si tomamos nuestro escudo, dejando que crezca nuestra fe, sumergiéndonos en la Palabra, aquellos dardos serán apagados. ¡Qué promesa tan maravillosa!

Fortalécete en el Señor ... en el poder de su fuerza

Cuando el enemigo lanza sus dardos de fuego contra nosotros, utilizando la boca y las manos de los malvados, el fuego es extinguido, y los dardos no tienen ningún efecto en nosotros.

Esto no significa que los dardos no nos golpearán. Pueden golpearnos, pero si estamos empleando nuestro escudo de la fe, no nos quemarán. No nos podrán destruir, como el enemigo desea hacerlo.

> *Así también la lengua es un miembro pequeño, pero se jacta de grandes cosas. He aquí, ¡cuán grande bosque enciende un pequeño fuego! Y la lengua es un fuego, un mundo de maldad. La lengua está puesta entre nuestros miembros, y contamina todo el cuerpo, e inflama la rueda de la creación, y ella misma es inflamada por el infierno. ... Pero ningún hombre puede domar la lengua.* Santiago 3:5-6, 8

Los dardos de fuego que salen con el poder de la lengua pueden ser difíciles para enfrentar. A todos, nos han hecho daño de vez en cuando, a algunos más que a otros. Pero Dios nos promete que no nos harán ningún daño.

El salmista clamó por liberación del *"labio mentiroso"* y de la *"lengua fraudulenta"* y firmemente creyó que Dios podría librarlo.

> *Libra mi alma, oh Jehová, del labio mentiroso,*
> *Y de la lengua fraudulenta.*

¿Por qué luchamos tanto?

¿Qué te dará, o qué te aprovechará,
Oh lengua engañosa?
Agudas saetas de valiente,
Con brasas de enebro.   Salmo 120:2-4

Nuestro Dios nos protegerá, mientras nos preparamos fielmente para la batalla.

Pablo escribió sobre la última parte de nuestra armadura y protección:

Y tomad el yelmo de la salvación, y la espada del
Espíritu, que es la palabra de Dios.

Efesios 6:17

Todo buen soldado tiene que mantener su casco bien puesto. No puede darse el lujo de exponerse, ni por un instante. Debemos continuar avanzando en el proceso de la salvación, permitiéndole a Dios que tenga más influencia en cómo conducir nuestras vidas, experimentando más de su sanidad, y desarrollando más y más madurez espiritual. Es posible nacer de nuevo, en un instante, pero el ocuparnos de nuestra salvación, aprendiendo a caminar en la totalidad de lo que Dios nos ha provisto, es un proceso que lleva toda la vida.

Ocupaos en vuestra salvación con temor y tem-
blor.   Filipenses 2:12

Fortalécete en el Señor ... en el poder de su fuerza

Cuando todas las piezas de la armadura ya están en su lugar, debemos tomar *"la espada del Espíritu"*, la cual, dice Pablo, es *"la palabra de Dios"*. ¿Qué sabemos acerca de la espada?

> *Porque la palabra de Dios es viva y eficaz, y más cortante que toda espada de dos filos; y penetra hasta partir el alma y el espíritu, las coyunturas y los tuétanos, y discierne los pensamientos y las intenciones del corazón.* Hebreos 4:12

Una buena espada tiene dos filos; así es la Palabra de Dios. La Biblia presenta un sinnúmero de verdades equilibradas, y el equilibrio es valioso. Cuando una persona se obsesiona en cierto aspecto de las verdades de las Escrituras llegan a desequilibrarse en cuanto a su enfoque de la vida cristiana.

Como se ha demostrado en muchas ocasiones, se pueden tomar porciones de la Biblia y comprobar casi cualquier cosa. Cuando el diablo vino a tentar a Jesús al final de su ayuno en el desierto, él citó las mismas Escrituras, del libro de los Salmos, tentándole al Señor a tomar acciones que le limitarían a Él, o que podrían haberle destruido totalmente. Jesús respondió al diablo, "Escrito está...", y cito un pasaje del libro de Deuteronomio que demostró el uso erróneo que Satanás había hecho de la verdad.

Es muy importante conocer todo lo que dice la Palabra de Dios sobre el tema que está bajo consideración cuando estudiamos la Biblia. Falta de conocimiento puede causar divisiones en el cuerpo de Cristo y causar confusiones, tanto en tu propia mente como también en las mentes de los demás. Para evitar esto, hay que usar bien los dos filos de la espada.

Habiendo descrito la armadura necesaria para la batalla, Pablo continuó escribiendo, enseñando a los efesios más acerca de la guerra espiritual:

Orando en todo tiempo con toda oración y súplica en el Espíritu, y velando en ello con toda perseverancia y súplica por todos los santos.
Efesios 6:18

Cuando oramos, debemos pedir a Dios que ore a través de nosotros, así como Él desea. Nuestras oraciones pueden, a menudo, ser vanas, o egoístas, o carnales. La oración no es solamente la repetición de palabras vez tras vez, día tras día. La verdadera oración viene del corazón y es inspirada por el Espíritu. Cuando oras de verdad llegas a sentir lo que el corazón del Padre siente. La oración que no viene del corazón, que no es guiada por el Espíritu, puede ser solamente vana repetición.

Dios está interesado en nuestros pensamientos, intenciones, y motivos y a veces nuestras palabras son solamente una cortina de humo. Posiblemente engañamos a la gente, pero no podemos engañar a

Fortalécete en el Señor ... en el poder de su fuerza

Dios. Háblale a Dios con sinceridad, de lo profundo de tu alma. Olvídate de las vanas palabrerías y ora sinceramente en el Espíritu.

Debemos estar listos para tomar nuestro puesto en la batalla. Nos hemos vestido *"de toda la armadura de Dios"* que nuestro Maestro nos ha provisto. Vamos adelante, *"ceñidos ... con la verdad"* y *"vestidos con la coraza de justicia"*. Nuestros pies calzados *"con el apresto del evangelio de la paz"*. Tenemos *"el escudo de la fe"* colocado, juntamente con *"el yelmo de la salvación"*. Hemos tomado *"la espada del Espíritu"*, y estamos marchando hacia la batalla, orando en el camino, que Él guíe cada uno de nuestros pasos. Con todo esto, estamos seguros de la victoria.

Recuerda, es el poder de la fortaleza del Señor que cumple, a través de nosotros, lo que sería imposible si intentaríamos lograrlo a solas.

CAPÍTULO 7

EL AYUNO

... UNA ARMA PODEROSA

¿No es más bien el ayuno que yo escogí,...?

Isaías 58:6

Aunque ya hemos mencionado el ayuno que decretó el Rey Josafat, el ayuno merece mayor atención, porque el ayuno es uno de las armas más poderosas que tenemos, y nos prepara para aceptar el reto que el Señor nos ofrece para estar juntamente de pie con Él en la batalla.

Moisés ayunó. Los profetas, entre ellos Elías, Esdras, Daniel y Ana, ayunaban. El rey David ayunaba. El Apóstol Pablo ayunaba. Aun Jesús ayunaba. Esta lista no está completa. Son algunos de los personajes bíblicos que practicaron esta costumbre santa, y con buena razón, siendo que el ayuno es poderoso.

La gente de la época de Isaías aparentemente no entendieron el ayuno mejor que la gran mayoría de los creyentes de la actualidad. Isaías se sintió constreñido para dar un discurso sobre el tema, un discurso que hallamos en el capítulo 58 de su libro.

Al iniciar el capítulo, encontramos a la gente contemporánea de Isaías clamando a Dios, y preguntando:

> *¿Por qué, dicen, ayunamos,*
> *y no hiciste caso;*
> *humillamos nuestras almas,*
> *y no te diste por entendido?*   versículo 3

Parece que es una pregunta válida, y Dios les dio una respuesta válida. Su ayuno no fue aceptable ante Él. Hay una manera correcta para ayunar, y hay una manera incorrecta. Dios conocía los corazones de los que estaban ayunando y Él pudo ver que su ayuno era para fines egoístas, y que su hambre los llevaba a riñas y hasta los golpes, en vez de conducirles a la justicia.

Es posible ayunar con motivos impuros. Algunas personas lo hacen solamente para ser vistos por los demás y para ser catalogadas como personas "santas" o "espirituales". Esto no es aceptable a Dios. Él declaró:

¿Por qué luchamos tanto?

No ayunéis como hoy,
para que vuestra voz sea oída en lo alto.

versículo 4

¿Qué considera Dios ser un ayuno agradable?

¿No es más bien el ayuno que yo escogí,
desatar las ligaduras de impiedad,
soltar las cargas de opresión,
y dejar ir libres a los quebrantados,
y que rompáis todo yugo?
¿No es que partas tu pan con el hambriento,
y a los pobres errantes albergues en casa;
que cuando veas al desnudo, lo cubras,
y no te escondas de tu hermano?

Isaías 58:6-7

Debemos ordenar nuestras prioridades, o nuestro ayuno será vano.

Primero, el propósito del ayuno no es impresionar a las personas, ni quedar bien con Dios. Mas, es negar, por un período de tiempo, nuestros deseos físicos para afinarnos mejor con el dominio espiritual del Señor. Cuando ayunamos, parece que la balanza favorece el lado de nuestra existencia espiritual, y que Dios tiene, entonces, mayor control de nuestra vidas.

Como seres humanos, nuestra naturaleza carnal está en *"enemistad"* con Dios. Es enemiga de Él. Todos tenemos una voluntad fuerte, y nuestra mayor prioridad, por lo general, es gratificar nuestra carne. Si deseamos agradarle a Dios más que gratificarnos a nosotros mismos, entonces, estamos en el camino correcto. El negarnos a nosotros mismos trae como resultado que nuestras oraciones puedan ser contestadas más rápidamente. Es entonces que vemos romper las cadenas de injusticia y las personas a quienes ministramos son liberadas.

Muchos creen que si ayunan, se debilitarán. En sentido físico, esto puede suceder durante un tiempo corto, pero el ayuno nos trae mayor fortaleza espiritual, porque en nuestra debilidad estamos más dispuestos a descansar en el Señor para proveernos de la energía que normalmente adquirimos de la comida.

El ayuno nos lleva a una unción mayor para que podamos hacer la obra de Dios y ayudar a liberar a su pueblo. Tenemos mucho que hacer. Debemos dar de alimentar a los que tienen hambre, vestir a los desnudos, y hospedar a los que están sin casa. No es solamente dar de comer, o dar vestimenta, o albergue, en sentido físico. Es algo mucho más profundo. Necesitamos aprender a dar de comer espiritualmente a las personas compartiendo con ellos el pan espiritual, que es la Palabra de Dios. Debemos ayudarles a vestirse con la justicia de Jesucristo, y debemos llevarles a la casa de Dios para que encuentren albergue espiritual. Todos necesitan compañerismo.

¿Por qué luchamos tanto?

Poner en orden nuestras prioridades trae resultados, tanto en lo personal, como también en lo ministerial. Recuerden, somos todos ministros del Amor de Dios. Nunca pienses que no tienes un "ministerio" simplemente porque nadie te llama "pastor", o "evangelista", o "diácono":

Entonces nacerá tu luz como el alba, y tu salvación se dejará ver pronto; e irá tu justicia delante de ti, y la gloria de Jehová será tu retaguardia. Entonces invocarás, y te oirá Jehová; clamarás, y dirá él: Heme aquí.   Isaías 58:8-9

Si aprendemos la importancia de ayunar y aprendemos la disciplina de ayunar, podemos, entonces andar en la luz cuando otros están en las tinieblas. Podemos recibir la sanidad prontamente, y la justicia de Dios nos guiará mientras la gloria de Dios va en la retaguardia. No tenemos que temer lo que la gente diga, o haga, tras nuestro. Dios es nuestro Gran Protector.

La nube de gloria que acompañaba al pueblo de Israel durante el éxodo iba delante para guiar y para ponerse entre ellos y sus enemigos para protegerles. Así mismo, obra Dios para con nosotros cuando le buscamos fielmente.

Hay más:

Si quitares de en medio de ti el yugo,
el dedo amenazador, y el hablar vanidad;

El ayuno ... una arma poderosa

y si dieres tu pan al hambriento,
y saciares al alma afligida,
en las tinieblas nacerá tu luz,
y tu oscuridad será como el mediodía.

Isaías 58:9-10

Se nos manda a quitar el yugo de la opresión. En vez de imponer nuestros deseos sobre otros, necesitamos quitar su opresión. Deja, entonces, de acosar a los demás con tus inquietudes, porque tus expectativas representan un yugo que ellos no necesitan.

Hace años, yo quería tanto que mis hijos, y mi esposo, se acercaran más a Dios que a veces yo intentaba obligarles a conformarse a mi concepto de lo que ellos deberían ser. Y, como puedo ser muy obstinada cuando quiero ser, a veces les hacía la vida imposible.

Así continuó hasta un cierto día que pude oír al Señor decir, "Carol, suéltales. Estás tratando de conformarles a *tu* imagen. Permíteme conformarles a la mía". Aquel día les quité el yugo que les había impuesto sin darme cuenta, y dejé que Dios hiciera su obra en ellos. ¡Así funcionó mucho mejor!

Deja de insistir que otros alcancen tus expectativas para ellos. Deja que el Espíritu Santo trate con cada individuo y coloque el yugo de Jesús sobre ellos (Mateo 11:30).

Además, se nos exhorta a dejar *"el hablar vanidad"*. Otras traducciones dicen "el hablar malevolentemente" y "el hablar con hipocresía". Los creyentes deben huir de la hipocresía y comenzar a seguir *"la verdad en amor"*.

Si estamos dispuestos a dejar estas cosas y ministrar de la manera que indican las Escrituras, *"en las tinieblas nacerá tu luz, y tu oscuridad será como el mediodía"*. No tenemos que andar en la obscuridad como el mundo. Podemos andar en la luz de Jesucristo, quien es la luz del mundo. Su luz mora dentro de ti, y cuando vives conforme a la voluntad de Dios, ayunando en una manera que le agrada, Él *"ha nacido sobre ti"*:

> *Levántate, resplandece; porque ha venido tu luz,*
> *y la gloria de Jehová ha nacido sobre ti.*
>
> Isaías 60:1

Isaías sigue diciendo, en el capítulo 58:

> *Jehová te pastoreará siempre,*
> *y en las sequías saciará tu alma,*
> *y dará vigor a tus huesos;*
> *y serás como huerto de riego,*
> *y como manantial de aguas, cuyas aguas nunca*
> *faltan.* versículo 11

Estas son promesas maravillosas que acompañan el ayuno agradable a Dios. Dios te satisfará y proveerá para ti, aún en los tiempos de la sequía. Para algunos, resulta difícil creer que así es, mas Dios es fiel.

El ayuno … una arma poderosa

En mi juventud, creciendo en Texas y Arkansas, nuestra familia era pobre y había ocasiones en que teníamos poco, o nada, de comida. Papá y mamá trabajaban duro, pero no siempre pudieron encontrar empleo. Además, en aquel tiempo, no eran creyentes todavía. Pero Dios sabía que un día le íbamos a servir, y siempre, de alguna manera, Él proveía para nosotros. A veces su provisión nos llegaba cuando mi mamá mandaba a mis hermanas menores al bosque detrás de nuestra casa a buscar verduras silvestres. A veces nos llegaba por medio de la asistencia del gobierno. A veces llegaba por medio de algún amigo que aparecía con comida extra. Lo he visto en tantas ocasiones, y sé que Dios provee para los suyos, aun cuando todavía no le han conocido como Señor.

La frase del versículo 11 *"dará vigor a tus huesos"* implica específicamente que nos dará huesos sanos, pero una implicación más amplia es que Él nos hará más fuertes físicamente.

La bendición espiritual está en las palabras "serás como huerto de riego" y "manantial de aguas, cuyas aguas nunca faltan". ¡Oh, que la Iglesia de hoy se conformara de aquellos *"cuyas aguas nunca faltan"*! ¡Que siempre estuviéramos listos para darles a otros a beber de agua viva! Yo deseo ser tan llena de la Palabra de Dios y del Espíritu de Dios que la gente pueda venir a mí y recibir agua viva en cualquier momento del día, o de la noche. Y esto, creo, es el deseo de Dios para su pueblo.

¿Por qué luchamos tanto?

Las bendiciones del ayuno pueden traspasarse de generación en generación:

Y los tuyos edificarán las ruinas antiguas;
los cimientos de generación y generación levan-
tarás,
y serás llamado reparador de portillos,
restaurador de calzadas para habitar.

versículo 12

Cuando buscas a Dios como Él te pide cada miembro de tu familia está destinado a ser un ciudadano productivo. Será conocido como *"reparador de portillos, restaurador de calzadas para habitar"*. Tus hijos pueden heredar tu bendición. Así que, si deseas que tus hijos sean de aquellos que restauran y no derriban, si quieres que sean conocidos como reparadores y no como destructores, entonces, tienes que darles el ejemplo ahora, y entrenarles en los caminos de Dios para el bien de su propio futuro.

Otro resultado positivo del ayuno, que mencionó Isaías y está recalcado en las Escrituras, es que trae humildad. No hay nada más importante para nuestro bienestar espiritual. Jesús dijo:

Porque el que se enaltece será humillado, y el que
se humilla será enaltecido. Mateo 23:12

El ayuno … una arma poderosa

El ayuno, en este sentido, es un privilegio por el cual debemos ser agradecidos. No es cómodo, pero sí, trae recompensa.

En dos ocasiones Israel fue derrotado por la pequeña tribu de Benjamín. Sucedió porque Israel, aunque era más grande que la tribu de Benjamin, se confió. Mas, cuando el pueblo de Israel se humilló en ayuno, Dios vino a su amparo y la tribu de Benjamín fue derrotada. El ayuno es una herramienta poderosa, la cual produce humildad en aquellos que lo practican.

Uno de los ayunos más conocidos del Antiguo Testamento es el de Daniel y de sus tres amigos hebreos, Ananías, Misael y Azarías (a quienes los caldeos dieron nombres cambiados: Beltsasar, Sadrac, Mesac y Abed-nego). Ellos cuatro fueron escogidos de entre los hebreos cautivos en Babilonia para ser entrenados en el servicio del rey. Parte de su entrenamiento incluía el recibir una provisión de comida directamente de la mesa del rey; lo que era un gran honor.

Daniel y sus amigos, sin embargo, determinaron agradarle a Dios en todas las cosas. Así que, a pesar de las exigencias del oficial encargado de entrenarles, los cuatro cautivos recibieron permiso para comer tan solamente legumbres durante diez días. Todos estaban seguros de que la falta en su dieta les haría quedarse atrás en el ambiente competitivo del entrenamiento en el palacio.

¿Por qué luchamos tanto?

Terminando los diez días se hizo un descubrimiento asombroso. Los cuatro jóvenes hebreos, comiendo su dieta sencilla y sacrificada, habían quedado visiblemente más saludables que cualquiera de los demás jóvenes en el grupo. Dios honró su ayuno y su obediencia a las leyes dietéticas de su pueblo.

En cambio, en Daniel capítulo 10, se describe un ayuno distinto:

> *En aquellos días yo Daniel estuve afligido por espacio de tres semanas. No comí manjar delicado, ni entró en mi boca carne ni vino, ni me ungí con ungüento, hasta que se cumplieron las tres semanas.*   Daniel 10:2-3

Esta palabra, *"afligido"*, se usa frecuentemente en el Antiguo Testamento en el contexto del ayuno, y parece señalar una seriedad y una dedicación a un propósito divino. Durante su ayuno, Daniel comía lo más sencillo. Su actitud parece haber sido, "Señor, deseo agradarte más que buscar mi propia comodidad". Así que, el dijo, *"no comí manjar delicado"*.

Job tuvo la misma actitud:

> *Del mandamiento de sus labios nunca me separé; Guardé las palabras de su boca más que mi comida.*   Job 23:12

El ayuno … una arma poderosa

Mientras Daniel buscaba de veras al Señor, el tuvo una visión. Durante la visión el vio un ser angelical, quien vino a él con un mensaje de Dios. Otros, quienes estaban con él en el momento, se espantaron por el gran temblor, y corrieron a esconderse. Así que, Daniel fue el único que vio el ángel y recibió la palabra del Señor. El ángel dijo:

Entonces me dijo: Daniel, no temas; porque desde el primer día que dispusiste tu corazón a entender y a humillarte en la presencia de tu Dios, fueron oídas tus palabras; y a causa de tus palabras yo he venido. Mas el príncipe del reino de Persia se me opuso durante veintiún días; pero he aquí Miguel, uno de los principales príncipes, vino para ayudarme, y quedé allí con los reyes de Persia.   Daniel 10:12-13

"Durante veintiún días…" Fue exactamente este período que Daniel ayunó. Solamente al terminar los veintiún días el ser angelical pudo romper la oposición y traerle a Daniel la respuesta. Este es el poder que el ayuno desata en lugares celestiales.

A muchos nos falta darnos cuenta del poder de la oración y el ayuno en las esferas celestiales, y ciertamente necesitamos mayor enseñanza sobre el tema en los días que vienen.

Hay muchos otros ayunos registrados en la Biblia y el espacio no nos permitiría mencionarlos a todos pero algunos no pueden ser pasados por alto.

¿Por qué luchamos tanto?

Uno de los ejemplos que encuentro, muy notable, ocurrió cuando el profeta Jonás por fin obedeció a Dios y fue a Nínive para predicar. Los resultados eran asombrosos. El rey pagano de aquel lugar respondió a la Palabra de Dios invocando un ayuno de abstinencia total de comida y de agua durante tres días. Aún a los animales no se les permitió comer o beber. Como resultado del ayuno (y por causa del espíritu de arrepentimiento que representaba), Nínive pudo escapar de la ira de Dios.

Esdras, el escriba, cuando guió al pueblo de Israel para salir del cautiverio de Babilonia, le había dicho al rey de Persia que Dios protegería al pueblo, asegurando su retorno a Jerusalén. Después de haberse jactado del poder de Dios de esta manera, tuvo vergüenza de pedirle tropas al rey para proteger al pueblo en su camino. Por lo tanto, él invocó al pueblo al ayuno. Dios respondió a su oración (Esdras 8) y les llevó a casa en victoria.

Durante un período de crisis para su pueblo la reina Ester ayunaba, y ella llamó a otros a ayunar juntamente con ella. En el libro de Ester, se muestra como Dios usó la oración y el ayuno para llevar a cabo la salvación de una nación entera.

Los primeros creyentes claramente aceptaron que el ayuno no era solamente para los tiempos del Antiguo Testamento. Muchos de ellos ayunaban dos días a la semana. Esta costumbre fue ejercida durante los grandes avivamientos en los siglos posteriores. Se dice que Juan Wesley rehusaba ordenar y colocar a cualquier hombre dentro del movimiento metodista, a menos que aceptara primero ayunar dos días por semana, hasta la comida de la tarde.

Todos debemos aprender a usar *"las armas de nuestra milicia"*, incluyendo el ayuno. No es tan difícil ayunar como muchos han hecho pensar. La mayoría de la gente puede ayunar si lo hace correctamente. La clave es dejarle al Señor guiarte. Si Él te guía, entonces Él estará contigo el momento en que necesitas su ayuda.

He encontrado que es mejor iniciar el hábito de ayunar poco a poco. Mucha gente ha intentado hacer ayunos prolongados sin haber establecido primero la disciplina necesaria para poder llevarlo a la culminación.

Personalmente, sé que muchas personas han ayunado cuarenta días, y hay algunos que lo hacen cada año. Sin embargo, la mayoría de estas personas no ayunan tanto tiempo sin tomar algún líquido, especialmente jugos de fruta, o puré, además del agua.

Deja que el Espíritu de Dios te guíe. Ayuna en el tiempo de Dios y en la manera que Él te indica, y tendrás éxito, y no te morirás. Puedes vivir algunos días sin comida natural, como dijo Jesús:

Él respondió y dijo: Escrito está: No sólo de pan vivirá el hombre, sino de toda palabra que sale de la boca de Dios. **Mateo 4:4**

101

¿Por qué luchamos tanto?

Mi comida es que haga la voluntad del que me envió, y que acabe su obra.   Juan 4:34

Mientras aprendes a ayunar, podrás desatar el poder provisto por este armamento que te dará victoria en los lugares celestiales, ahora, y durante años venideros; victorias que manifestarán aquí en la tierra en situaciones de la vida diaria.

CAPÍTULO 8

LA BENDICIÓN DEL SEÑOR
... ¡CÓMO SACIA!

La bendición de Jehová es la que enriquece,
Y no añade tristeza con ella.   Proverbios 10:22

*P*orque somos los hijos de Dios indisoluble-
mente unidos a Él en el pacto, nos pertenece, por
derecho, su bendición. La bendición de Dios es un
concepto bíblico que parece ser sencillo de entender, mas no es tan sencillo como aparenta. La
definición de bendición en un diccionario es "algo
que promueve, o contribuye, a la felicidad; algo que
contribuye a nuestro bienestar o nuestra prosperidad". Ésta es, probablemente, la definición que más
a menudo viene a nuestra mente cuando pensamos

en la palabra, pero la palabra hebrea traducida *"bendición"* tiene mayor profundidad.

Muchas veces se entiende incorrectamente lo que la Biblia dice. Pensamos entender un término bíblico, pero las barreras de cultura y de idioma nos impiden, y frecuentemente no vemos con claridad lo que Dios está tratando de decirle a su pueblo.

El término hebreo para la bendición llevaba el significado: "Que el poder de Dios venga sobre ti. Que una capa, o tienda, de su poder y su protección, te rodee. Que su poder habilitador te dé éxito y prosperidad en todo lo que hagas. Que alcances tu potencial máximo en Dios. En todo lo que toques, que tengas esa prosperidad y éxito que Dios desea darte; tanto que podrás bendecir a otros, porque tienes abundancia de prosperidad, tanto en lo espiritual, como en lo físico, llegando victoriosamente en cada situación de la vida". Pues, ésa es la riqueza verdadera. ¡Y es el deseo de Dios para cada uno de nosotros!

Muchas personas adineradas en nuestro mundo han ganado sus fortunas de maneras que no glorifican a Dios, y ellos tienen que vivir conscientes de lo que han hecho. A menudo, juntamente con la riqueza, han venido gran tristeza y gran inquietud. Por lo consiguiente, muchas personas pudientes están emocionalmente afligidas.

Dios quiere que su pueblo tenga paz en medio de la prosperidad, una paz que sea tan notable que otras personas puedan ver que somos diferentes. Esto no quiere decir que quedaremos exento de los problemas que otras personas tienen que enfrentar. De hecho, las Escrituras declaran:

Muchas son las aflicciones del justo.

Salmo 34:19

Gracias a Dios que el versículo no acaba con esta declaración, sino sigue con una promesa maravillosa:

... Pero de todas ellas le librará Jehová.

Salmo 34:19

¿Son estos pensamientos contradictorios? Verdaderamente no lo son. A veces, la bendición viene en forma disfrazada. Cuando José fue encarcelado en Egipto, pocos habrían visto su situación diciendo, "Dios verdaderamente ha bendecido a aquel varón". Sin embargo, sabemos que su encarcelamiento injusto y su conducta piadosa, en la prisión, lo llevaron a que él fuese seleccionado como el primer ministro de Egipto, y por esta razón la raza hebrea pudo sobrevivir.

Cuando David era perseguido por el demente Rey Saúl, ninguno habría dicho, "¡Dios ha bendecido a David tanto que tiene que huir para salvar su vida!" Sin embargo, Dios estaba obrando algo maravilloso en David, preparándole para ser el rey en lugar de Saúl.

A menudo, lo que Dios llama una bendición, lo que Él usa como un medio para conformarnos a la imagen de su Hijo, puede parecernos una maldición. Nos enojamos y nos preguntamos : ¿Por qué nos está pasando esto? ¿Dios nos habrá olvidado? ¿Hemos perdido su favor? ¿Se ha separado su amor de nosotros?

Cuando nuestra confianza en la bondad de nuestro Padre celestial alcance el nivel necesario para poder entender su promesa: *"Sabemos que a los que aman a Dios, todas las cosas les ayudan a bien"*, podremos aprender a agradecerle en medio de las situaciones difíciles. Podremos decir entonces, "¡Gracias, Señor! A pesar de las circunstancias, sé que estás obrando para mi bienestar y que seré bendecido".

No agradecemos a Dios cuando estamos heridos, o cuando estamos en situaciones que nos traen dolor. Le agradecemos porque sabemos que, en su gran amor para con nosotros, Él no dejaría que estas cosas nos pasaran a menos que sean para nuestro bien y para el bien del Reino de Dios. La siguiente es una reflexión que nos trae gran consuelo:

Y sabemos que a los que aman a Dios, todas las cosas les ayudan a bien, esto es, a los que conforme a su propósito son llamados. Romanos 8:28

La bendición del Señor ... ¡cómo sacia!

La intención máxima de Dios es que seamos conformados a la imagen de su Hijo, y Él utilizará los medios necesarios para efectuar en nosotros su obra. Así que, pase lo que pase, es para nuestro bien.

Una promesa similar, que muchas veces ha sido mal entendida y no apreciada como debe ser, es la que dice que Dios *"te concederá las peticiones de tu corazón"*:

> *Deléitate asimismo en Jehová,*
> *Y él te concederá las peticiones de tu corazón.*
> Salmo 37:4

La palabra hebrea *anag*, que aquí se traduce *"deléitate"* significa "ser maleable en las manos de Dios". Algunas personas creen que están deleitándose en Dios, y se preguntan por qué Dios no les ha dado, todavía, los deseos de su corazón. Posiblemente no entienden bien la promesa. ¿Eres flexible en las manos de Él? ¿Has dejado que el fuego de Dios te funda a un grado tal, que Él puede moldearte como Él desea?

Amar al Señor es una cosa, mas permitirle que nos ponga en el fuego para moldearnos y darnos nueva forma es algo totalmente distinto, y algo que nos hace querer escapar de Él. Pero no debemos. El fuego de Dios no es para destruirnos. Su propósito es hacer subir las impurezas y la escoria de nuestras vidas a la superficie para que Él las pueda extraer, como un obrero metalúrgico haciendo un trabajo fino. Él desea vernos hecho de oro puro.

Algunos de los fuegos por los que pasaremos podrán ser muy calientes, pero no nos causarán daño si los ojos están puestos en Él. Ríndete al fuego, y deja que te vuelva blando y flexible en las manos de Dios. Esto es lo que significa *"deléitate asimismo en Jehová".*

¿Cómo puede Dios prometernos *"las peticiones de [nuestro] corazón"?* ¿Será que, cuando hemos pasado por el fuego, nuestros corazones se purifican, y entonces Dios puede confiar en que queremos lo que Él también quiere?

El pensamiento de este versículo continúa en el próximo:

Encomienda a Jehová tu camino,
Y confía en él; y él hará.   Salmo 37:5

La frase hebrea traducida, *"Encomienda a Jehová tu camino"* significa "depositar todos tus cuidados en el Señor". El próximo versículo nos enseña lo que pasará cuando aprendemos a hacer así:

Exhibirá tu justicia como la luz,
Y tu derecho como el mediodía.   Salmo 37: 6

¡Qué gran promesa!

La bendición del Señor ... ¡cómo sacia!

Miraremos con mayor atención la situación de José. Él es un buen ejemplo para emular. José era un hombre a quien Dios había bendecido en verdad, quien, además, sabía que había sido bendecido, pero muchas de sus bendiciones estaban escondidas para un tiempo específico. Ni siquiera parecían bendiciones en lo inmediato.

Los hermanos de José lo vendieron como esclavo durante sus años de adolescencia. Lo único que había hecho para merecer un tratamiento tan bajo era reportar a su padre cuando sus hermanos no estaban haciendo sus trabajos correctamente. José era un joven responsable.

Es posible que él haya ostentado la túnica de diversos colores que su padre le había dado. Además, no le ayudaba que la túnica fuera un recordatorio visible de que él era el hijo favorito de Jacob. Posiblemente José no utilizó mucha sabiduría cuando les contó a sus hermanos, quizás muy ávidamente, que él les había visto en un sueño postrándose ante su persona. La falta de sabiduría y de tacto no sería extraño en un muchacho de su edad. Pero, ¿venderle como esclavo?

Cualquiera que fuera la razón externa, Dios permitió que José comenzara su instrucción especial con esta nota baja, una instrucción que duraría aproximadamente veinte años. La caravana de camellos que le llevó aquel día, le llevó a Egipto donde fue subastado al postor más alto. No pasó mucho, y estaba cara a cara con su nuevo amo, un capitán del ejército egipcio, llamado Potifar. Lo que pasó a José en la casa de Potifar debe pasarnos también a nosotros dondequiera que nos hallamos:

Así halló José gracia en sus ojos, y le servía; y él le hizo mayordomo de su casa y entregó en su poder todo lo que tenía. Y aconteció que desde cuando le dio el encargo de su casa y de todo lo que tenía, Jehová bendijo la casa del egipcio a causa de José, y la bendición de Jehová estaba sobre todo lo que tenía, así en casa como en el campo.

Génesis 39:4-5

Potifar fue bendecido porque José era bendecido, y porque José, aunque era un esclavo, estaba en su casa.

En esto, vemos el deseo de Dios para todo su pueblo. Si eres un hijo de Dios nacido de nuevo, Él no solamente quiere bendecirte, Él quiere bendecir a todos aquellos que están alrededor tuyo. Eres bendecido para que puedas bendecir a otros. Eres una extensión de Cristo en la tierra. Él es la Luz del Mundo, y nos ha llamado a ser la luz en nuestro mundo obscuro (compara Mateo 5:14).

Brilla, dondequiera que estés. Brilla, cualesquiera sean tus circunstancias. Brilla, sin importar cuan caliente sea el fuego.

La bendición del Señor ... ¡cómo sacia!

José no maldijo a Potifar porque se encontraba esclavizado a él. Mas bien José fue para él una bendición. ¡Qué ejemplo tan maravilloso para cada uno de nosotros!

Cuando la esposa de Potifar se sintió atraída a José en forma personal y empezó a seguirle, tratando de seducirle, José se resistía. Un día, ella insistió fuertemente, y se asió de su ropa. Al correr, su ropa se quedó en manos de la mujer. Rechazada, ella se volvió contra José e informó a su marido que la había tratado de violar. En su mano ella tuvo la prueba: La ropa del culpable. Inmediatamente se le envió a José a la prisión.

La prisión pudo haber significado el fin para José, porque ha destruido a muchos, pero no sería así con José:

Y tomó su amo a José, y lo puso en la cárcel, donde estaban los presos del rey, y estuvo allí en la cárcel. Pero Jehová estaba con José y le extendió su misericordia, y le dio gracia en los ojos del jefe de la cárcel. Y el jefe de la cárcel entregó en mano de José el cuidado de todos los presos que había en aquella prisión; todo lo que se hacía allí, él lo hacía. No necesitaba atender el jefe de la cárcel cosa alguna de las que estaban al cuidado de José, porque Jehová estaba con José, y lo que él hacía, Jehová lo prosperaba. Génesis 39:20-23

¿Por qué luchamos tanto?

Fue bendecido el jefe de la prisión porque José fue bendecido, y exactamente, de la misma manera, Dios quiere obrar. José no iba a maldecir al jefe y a los compañeros presos, solo porque él había sufrido un agravio injusto. Tuvo que ser ultrajado y ser enviado a la prisión para que él llegara a ser una bendición a muchas personas. Como expone una traducción de la Biblia, durante el tiempo que pasó encarcelado, *"el dicho de Jehová lo forjó"* (Salmo 105:19).

José podía haberse sentido descorazonado al ver pasar los años y al no descubrirse su injusto encarcelamiento, pero no desmayó. Pudo haberse dado por vencido cuando un siervo del rey, a quien él había favorecido y ayudado, y quien prometió ayudarle ante el rey, se olvidó de él. Pero José conocía a Dios y sabía que lo que Dios estaba haciendo, obraría, al fin, a su favor. Así que, fue paciente y fiel a través de cada prueba ardiente que le vino.

Al fin, el Señor obró poderosamente por medio de José para salvar muchas vidas. Su don de interpretar los sueños no sólo bendijo a los que estaban a su alrededor, sino también le trajo fama y poder. Como él pudo interpretar correctamente el sueño de Faraón, se trasladó de la prisión al palacio, y llegó a ser el segundo en mando del Imperio Egipcio. Y en los años que siguieron, Faraón prosperó a causa de la bendición que estaba sobre José.

La bendición del Señor ... ¡cómo sacia!

Como segundo en mando, José controlaba el movimiento de los granos durante los años de abundancia que había visto anticipadamente por la interpretación, y pudo, por medio de ese puesto, reconciliarse con su propia familia. Como resultado, todo Israel fue bendecido porque José había sido bendecido. Eso es lo que Dios quiere hacer contigo, y que también seas una bendición para otros.

¿Ser echado en el horno ardiente podría ser una bendición? ¡Sí!

Pasados muchos años, cuando el pueblo de Israel fue llevado cautivo a Babilonia, Nabucodonosor, el rey pagano, hizo una estatua grande de oro, de noventa pies de alto, y ordenó que todo el mundo se inclinase delante de ella cuando se tocaban ciertos instrumentos musicales. Pero, hubo tres hombres hebreos que habían aprendido a deleitarse en Dios, y jamás doblarían sus rodillas ante un dios pagano. Se negaron a cumplir el mandato del rey. Era el famoso trío de Sadrac, Mesac y Abed-nego.

Algo distinto ya se había notado en las vidas de ellos. Como resultado, se les había encargado la autoridad sobre ciertos sectores de Babilonia. Quizás, a causa de esta autoridad que se les había entregado cuando habían sido esclavos, se examinó cuidadosamente su reacción al mandamiento del rey. Se notó que decidieron no inclinarse ante la imagen que Nabucodonosor levantó. Unos hombres, quienes estaban sumamente celosos de los tres, informaron al rey.

Nabucodonosor se enfureció por su abierta rebeldía a sus órdenes y la falta de gratitud de parte de los esclavos, quienes se habían elevado más allá de sus posibilidades. Así que, exigió que los tres fuesen traídos. No pronunció una sentencia inmediata sobre ellos. Por alguna razón, le cayeron bien y él quería mantenerles en sus puestos. Decidió darles una oportunidad más. Les hizo entender que simplemente no le podían desobedecer. O bien se inclinarían delante de la estatua al tocarse la música, o serían lanzados al horno de fuego.

La respuesta de los tres varones a esta amenaza ha asombrado a los lectores de la Biblia durante siglos. ¿Tenían una opción? Los tres creían tenerla, y respondieron sin vacilación:

Sadrac, Mesac y Abed-nego respondieron al rey Nabucodonosor, diciendo: No es necesario que te respondamos sobre este asunto. He aquí nuestro Dios a quien servimos puede librarnos del horno de fuego ardiendo; y de tu mano, oh rey, nos librará. Y si no, sepas, oh rey, que no serviremos a tus dioses, ni tampoco adoraremos la estatua que has levantado. Daniel 3:16-18

Quizás te estás preguntando cómo habrías reaccionado en una situación similar, y ciertamente, me pongo a pensar qué habría hecho yo. ¿Estamos preparados para tomar una posición tal y pararnos firmemente? ¿Estamos preparados para levantarnos y ser el hombre, o la mujer, que Dios nos ha llamado a ser?

El miedo es una fuerza que paraliza, mas nuestro Padre celestial quiere que nos deleitemos tanto en Él, y en sus promesas, que no tengamos temor al enfrentar lo que los hombres nos pueden hacer.

Los tres jóvenes hebreos parecían absolutamente indefensos ante esta situación, no obstante sabían que Dios estaba en control y que Él les respaldaría, si ellos estaban dispuestos a estar firmes en Él. Si tenían que enfrentarse al horno de fuego, entonces, era porque Dios tenía un propósito en ello, y estaban listos. Si hubiesen muerto, de todas maneras habrían salido victoriosos. ¿Qué tenían que perder? ¿Qué nos atemoriza? Dios está de nuestro lado. No podemos ser derrotados si le seguimos fielmente.

Cuando Nabucodonosor oyó la contestación de los tres, se enfureció totalmente. ¡No valía la pena salvarlos! Mejor, haría de ellos un ejemplo. Mandó, entonces, que el horno fuese calentado siete veces más de lo acostumbrado:

[El rey] mandó a hombres muy vigorosos que tenía en su ejército, que atasen a Sadrac, Mesac y Abed-nego, para echarlos en el horno de fuego ardiendo. Entonces estos varones fueron atados

¿Por qué luchamos tanto?

*… y … echados dentro del horno de fuego **ardiendo**. Y como la orden del rey era apremiante, **y lo** habían calentado mucho, la llama del fuego mató a aquellos que habían alzado a Sadrac, Mesac y Abed-nego…*　　　　Daniel 3:20-22

¡Qué fuego tan horroroso! Solamente el acercarse significaba peligro mortal, peor ser lanzado dentro de él. Los soldados, quienes lanzaron a los hebreos en el fuego, se murieron por la intensidad del calor.

Ten cuidado, y no pidas que otro entre en el fuego al cual tú estabas destinado. Posiblemente no sobrevivan. Tampoco entres en un fuego al cual no estás destinado, porque te puede faltar la gracia de Dios para enfrentarlo exitosamente. Cada uno tenemos que enfrentar nuestro propio fuego y confiar en que Dios nos dé la gracia para sobrevivirlo. Deja, entonces, todas las decisiones a Dios. Él sabe lo que está haciendo.

A los hebreos no les hubiera servido enojarse y enfadarse en contra de Nabucodonosor, o en contra de aquellos que les ataron. Ellos eran solamente agentes de Dios. Si Dios te pone en el fuego, no te enfades con los que te amarran y te arrojan en el fuego. Deja que Dios se encargue de ellos.

Muchas veces estamos encerrados dentro de circunstancias que no podemos controlar, atados por algo que ni siquiera podemos entender. ¿Qué debemos hacer en esos momentos? En lugar de frustrarnos con otras personas, necesitamos volver nuestros rostros hacia Jesús; clamarle, y ver como Él viene a nuestro auxilio. Precisamente esta fue la respuesta de los tres hebreos. En cambio, si hubieran dado rienda suelta a sus frustraciones, posiblemente habrían perdido la oportunidad para ganar la gracia de Dios necesaria para enfrentar la prueba venidera.

Nabucodonosor, al parecer, se puso a mirar la destrucción de aquellos "esclavos rebeldes" con satisfacción. Entonces, estando de pie con una expresión de asombro en su cara, llamó a que se acercasen los que estaban con él:

> *"¿No echaron a tres varones atados dentro del fuego? Ellos respondieron al rey: Es verdad, oh rey. Y él dijo: He aquí yo veo cuatro varones sueltos, que se pasean en medio del fuego sin sufrir ningún daño; y el aspecto del cuarto es semejante a hijo de los dioses".* Daniel 3:24-25

Solamente podemos imaginar la emoción de Nabucodonosor. Habían lanzado a tres hombres dentro, pero ahora, habían cuatro, y estaban *"sueltos ... sin sufrir ningún daño"* y *"el aspecto del cuarto [era] semejante a hijo de los dioses".* Era asombroso.

Nabucodonosor les llamó a los tres hebreos y les mandó que saliesen del horno. Solamente nos podemos imaginar la escena alborotada cuando obedecieron. Todos los consejeros del rey, el gobernador, y todos los que estaban en los puestos de autoridad, inmediatamente los rodearon, y los miraron, los examinaron y los hicieron preguntas. No encontraron ningún daño en sus cuerpos. No se chamuscaron sus cabellos. No se chamuscaron sus túnicas, *"ni siquiera olor de fuego tenían"*. ¿Cómo pudo haber sido posible?

Habiendo presenciado aquel espectáculo tan convincente, Nabucodonosor no demoró en manifestar su deseo de alabar, diciendo, *"Bendito sea el Dios de … Sadrac, Mesac y Abed-nego"*. El rey decretó, el mismo día, que no se debía permitir que ninguno hablara en contra de este Dios, y como resultado, ascendió a los tres hebreos, quienes habían demostrado la gracia de Dios en una forma tan convincente.

Posiblemente, hoy estás pasando por tu horno de fuego ardiente. Si es así, te insto a clamarle al Señor Dios Todopoderoso. Dile, "Señor, ven y camina conmigo en este fuego", y Él lo hará. Él está ansioso por oír tu clamor y Él te sacará adelante, te librará y quedarás ileso, para dar testimonio de su bondad.

Cuando vienen dificultades a nuestras vidas es más fácil darse por vencido que salir adelante. Pero Dios cuenta con nosotros, como creyentes maduros, para tomar una posición contra los reinos de este mundo y poseer nuevamente lo que legalmente le pertenece a nuestro Dios y a su pueblo. Debemos proseguir hasta ver la bendición prometida.

La bendición del Señor … ¡cómo sacia!

El salmista conocía lo que era pasar por el fuego:

Hiciste cabalgar hombres sobre nuestra cabeza;
Pasamos por el fuego y por el agua,
Y nos sacaste a abundancia.   Salmo 66:12

El Salmo 66, por lo general, es un salmo de alabanza a Dios, pero en medio de la alabanza, el salmista comienza a recordar algunas de las pruebas que los israelitas soportaron cuando salieron de Egipto y viajaron hacia la tierra prometida.

El resultado final de las pruebas que enfrentaron, que demuestra el salmista, fue llevarles a la *"abundancia"*. La palabra hebrea que se utiliza aquí es *revawyah* que significa "satisfacer el apetito". Dios estaba llevando a su pueblo a un lugar donde estaría totalmente satisfecho. Pero, a lo largo del camino, ellos tenían que enfrentar diversas pruebas.

"Hiciste cabalgar hombres sobre nuestra cabeza; pasamos por el fuego y por el agua", recuerda el salmista, *"Y…"* Lo que sigue fue glorioso. Dios trajo su pueblo a un lugar de bendición abundante.

La palabra *revawyah* se utiliza solamente en un lugar más en el Antiguo Testamento, en el Salmo 23, cuando David escribió, *"mi copa está rebosando"* (versículo 5). Éste es el resultado final de enfrentarnos con las pruebas de la vida y quedarnos firmes en la fe en nuestro Dios. Bendiciones sobreabundantes nos esperan.

¿Por qué luchamos tanto?

Después de entrar Israel en su heredad, en Canaán, antes de que un rey fuera escogido para guiar al pueblo, estaba bajo el liderazgo de los jueces, quienes eran hombres y mujeres que Dios había levantado para tomar decisiones prudentes para el bien de su pueblo. Estos jueces eran campeones de la fe, e Israel necesitaba de campeones, porque tenía muchos enemigos.

Uno de los jueces de Israel era Gedeón. Como joven, él había crecido siendo *"el menor en la casa de [su] padre"*.

Los madianitas habían instalado un campamento a poca distancia al norte de Israel y habían saqueado los campos de los israelitas, obligándolos a ocultarse y a moler el poco grano que habían logrado guardar en cuevas, o en otros lugares. ¡Qué situación tan humillante!

Un día, mientras Gedeón trillaba trigo en un lagar, un ángel del Señor vino a él y le llamó a levantarse y derrotar a los madianitas.

Gedeón estaba muy renuente para creer lo que oía. ¿Por qué le escogería Dios a él? Su familia no era de las más respetadas en Israel, y él era *"el menor"*. A su parecer, él era el candidato menos probable para un puesto de liderazgo.

Por medio de una serie de señales Dios confirmó su voluntad a Gedeón. Finalmente el joven aceptó el desafío. No hay nada malo en querer estar seguro de que estamos oyendo correctamente a Dios, cuando estamos decididos a obedecerle una vez que entendemos su voluntad. Cuando Gedeón estaba seguro de su llamado, él tomó acciones inmediatas para hacer lo que Dios le estaba mandando, y cuando obedeció, algo maravilloso sucedió:

Entonces el Espíritu de Jehová vino sobre Gedeón, y cuando éste tocó el cuerno, los abiezeritas se reunieron con él. Y envió mensajeros por todo Manasés, y ellos también se juntaron con él; asimismo envió mensajeros a Aser, a Zabulón y a Neftalí, los cuales salieron a encontrarles.

Jueces 6:34-35

El texto hebreo indica que *"el Espíritu de Jehová"* revistió a Gedeón del mismo Espíritu Santo y tomó posesión de él.

Dios puede revestirnos de Él y tomar posesión de nuestras vidas, y así asegurarnos la victoria contra cualquier enemigo.

¿Por qué nos resistimos a esto? Pertenecemos al Señor; hemos sido comprados con la misma sangre de Cristo. ¿Por qué no le permitimos que nos posea? ¿Por qué no le permitimos que nos revista? ¿Por qué no le permitimos levantarnos como campeones de la fe que tanta falta nos hace en el mundo actual?

La batalla no iba a ser realizada de la manera que Gedeón había imaginado:

¿Por qué luchamos tanto?

Y Jehová dijo a Gedeón: El pueblo que está contigo es mucho para que yo entregue a los madianitas en su mano, no sea que se alabe Israel contra mí, diciendo: Mi mano me ha salvado. Ahora, pues, haz pregonar en oídos del pueblo, diciendo: Quien tema y se estremezca, madrugue y devuélvase desde el monte de Galaad. Y se devolvieron de los del pueblo veintidós mil, y quedaron diez mil.

Jueces 7:2-3

Al tocar Gedeón la trompeta, llamando a los que estaban listos para luchar, se juntaron treinta y dos mil hombres. No fue un principio tan malo. No formaría un ejército tan grande como era el del enemigo, pero era mejor que nada. Ciertamente crecería con la respuesta de otros al desafío.

Pero Dios quería que la gloria de su victoria fuera solamente para Él, y quería asegurar que los hombres de Israel no confiaran en su propia fuerza. Entonces presentó una prueba para los voluntarios y mandó que Gedeón les enviara a casa a los que no la pasaran. Cualquier hombre temeroso no podía servir en el ejército de Dios.

Era una táctica válida. El temor es contagioso y rápidamente llega a los demás. Gedeón no necesitaba a cobardes en las filas de sus tropas. Sin embargo, él todavía esperaba que no muchos fueran eliminados por la prueba, se imaginaba que posiblemente unos cientos, a lo mucho, regresarían a casa.

Cuando Gedeón anunció públicamente que los temerosos podrían regresar a casa, ciertamente él no estaba listo para el resultado. Fueron veintidós mil hombres que le aceptaron, y recogieron sus bultos, corrieron, y rápidamente desaparecieron de su vista. De repente, se redujo la fuerza de su ejército a diez mil hombres, y él ya estaba preguntándose como sería posible derrotar a un enemigo tan poderoso con tan pocos hombres.

Pero todavía, Dios no estaba satisfecho y le dio una prueba más para presentar a sus voluntarios. Dios le mandó llevar a sus tropas a las aguas, y a todos los que se arrodillaron para beber, bajando la guardia, tenía que mandarlos a casa. En cambio, aquellos que se mantuvieron alertas, usando sus manos para llevar el agua a sus bocas, formarían su ejército.

Pensar en una reducción mayor en el número de soldados debió haber desalentado a Gedeón. No obstante, obedeció al Señor y llevó a los hombres al lugar de las aguas. Seguramente no muchos se irían a casa como resultado de esta prueba.

Lo que pasó a continuación fue algo raro. De los diez miles soldados potenciales, solamente trescientos bebieron de la manera que Dios le había indicado a Gedeón y todos los demás tenían que ser enviados a sus hogares. Esto pudo haber desanimado al joven, pero Gedeón estaba oyendo del Señor mismo lo que tenía que hacer a cada paso que daba. Dios le prometió a su siervo:

> *Con estos trescientos hombres que lamieron el agua os salvaré, y entregaré a los madianitas en tus manos; y váyase toda la demás gente cada uno a su lugar. Y habiendo tomado provisiones para el pueblo, y sus trompetas, envió a todos los israelitas cada uno a su tienda, y retuvo a aquellos trescientos hombres; y tenía el campamento de Madián abajo en el valle.* Jueces 7:7-8

¡Qué cambio de planes! En un período corto, Gedeón tuvo que reducir grandemente el número de guerreros y quedarse con un grupo muy reducido. ¿Qué serían trescientos hombres contra un enemigo tan poderoso?

Para aquellos que pueden ver solamente en lo natural, la derrota de Gedeón habría parecido asegurada. Pero el ejército diminuto con que Gedeón se quedó, pronto demostraría la bendición de Dios sobre su persona, y sobre todo Israel, dejando ver al mundo que Él, Jehová de los ejércitos, tenía todo bajo su control.

Gedeón y su pequeño grupo de guerreros fueron victoriosos contra los madianitas, utilizando un plan de batalla que solamente Dios pudo haber inventado. Los trescientos hombres se acercaron al campamento de los madianitas usando algo que podríamos llamar "guerra de ruido y luces". Hicieron tanto ruido, y la luz de las trescientas vasijas rotas fue tan repentina, que causó pánico en el enemigo. El Señor trajo confusión sobre los madianitas, y se volvieron el uno contra el otro. Mientras los madianitas huían desordenadamente, Israel les siguió a toda velocidad.

La obediencia de Gedeón, luego de estar seguro de haber oído al Señor, y su buena disposición de permitir que Dios luchara por él, trajo la victoria a la nación. Pero en todo, a lo largo de las pruebas, Gedeón tenía que creer que lo que les estaba pasando era por alguna razón, y que acabaría, al fin, en bendición. Él tenía razón.

No menosprecies, ni resistas lo que Dios está haciendo en tu vida. El está usando las circunstancias de la vida para perfeccionarte.

Hay un lugar de máxima bendición, un lugar donde podemos ir para recibir lo que el Señor tiene para nosotros, y allá, ofrecerle todo a Él. Ese lugar es la cruz, el lugar de sacrificio, el lugar donde Jesús hizo posible que nosotros llegásemos a ser hijos e hijas de Dios, y así, herederos de toda su bondad. Para muchos, la cruz era una maldición, pero sabemos que ha sido la bendición más grande aunque fue presentada en forma disfrazada. Los hombres que la promovieron, lo hicieron con el motivo de hacer daño, pero Dios lo hizo para nuestro bien, y para la salvación del mundo entero.

Todas las bendiciones que hay fluyen de la cruz. Por el sacrificio de Cristo en el Calvario, podemos tener la redención y la salvación para nuestro cuerpo, alma, y espíritu. Fue allí, en aquel acto supremo de obediencia, con la disposición de verter su propia sangre, que Cristo hizo posible que seamos socios en el pacto con nuestro Señor y Dios.

Las bendiciones de la cruz solamente pueden ser nuestras si estamos dispuestos a poner nuestros propios deseos, anhelos y planes, a los pies del Salvador. Vienen solamente cuando reconocemos la grandeza de lo que Él ha hecho por nosotros, y aprendemos a alabarle, aun en medio de las dificultades.

Su crucifixión hizo posible la nuestra. Pablo escribió:

Con Cristo estoy juntamente crucificado, y ya no vivo yo, mas vive Cristo en mí; y lo que ahora vivo en la carne, lo vivo en la fe del Hijo de Dios, el cual me amó y se entregó a sí mismo por mí.
Gálatas 2:20

En esa cruz, Jesús cargo tus pecados y mis pecados. Él cargó los pecados de cada individuo quien haya vivido y de quien vivirá, de cada generación, y de toda edad. Es incomprensible, pero tomó todas nuestras aflicciones, toda nuestra vergüenza, toda nuestra turbación, y todas nuestras heridas. Nuestros pecados y las consecuencias de nuestros pecados se enterraron junto con Él, y cuando se levantó de entre los muertos, nos trajo la vida nueva.

Él dijo, *"Consumado es"*. No quedó nada más que hacer. Él lo ha hecho todo. Entonces, ¿qué estamos esperando? Lo único que queda es aceptar y recibir los beneficios de la cruz. Son nuestros, si solamente los pedimos.

Dile hoy: "Señor Jesús, creo que moriste por mí y que mis pecados fueron contigo a la tumba. Ya pagaste mi condena. Ahora, te pido que me ayudes a recibir tu perdón y tu salvación".

El entregarse a Cristo, para algunos, pareciera una pérdida; mas, por Él ganamos todo. A otros podría parecer una rendición; mas, por hacerlo, ganamos la victoria más grande. Algunos pensarán que es negarse a sí mismo completamente; mas, por medio de este acto sencillo aseguramos para nosotros una vida llena de bendición, tanto aquí en la tierra, como también en la eternidad, en la presencia de Dios.

CAPÍTULO 9

CONFIANDO EN ÉL
... AUN EN LA ADVERSIDAD

Bienaventurado el hombre que teme a Jehová,
Y en sus mandamientos se deleita en gran manera.
Su descendencia será poderosa en la tierra;
La generación de los rectos será bendita.
Bienes y riquezas hay en su casa,
Y su justicia permanece para siempre.
Resplandeció en las tinieblas luz a los rectos;
Es clemente, misericordioso y justo.

Salmo 112:1-4

Aunque es verdad que Dios está con nosotros, y está de nuestra parte, no significa que nunca tendremos que enfrentar las tinieblas. Si no fuera por un poco de obscuridad en nuestras vidas, posiblemente no apreciaríamos la luz que tenemos.

Todos tenemos problemas alguna vez. Aun los creyentes maduros con mucha experiencia pasan etapas de confusión periódicamente y no saben que hacer. Personas muy rectas, de clase, inclusive, pueden hallarse luchando con muchas deudas o una enfermedad mortal, o divorcio, o con hijos que se han fugado de sus casas.

A pesar de todo, Dios tiene una promesa para nosotros, y es gloriosa: *"Resplandeció en las tinieblas luz a los rectos"*. Dios no ha prometido impedir que los problemas forman parte de la vida y su experiencia, pero Él si ha prometido que estará para darnos luz en medio de las tinieblas.

Nuestro Dios conoce las respuestas a todos nuestros problemas y puede ahuyentar la confusión de nuestras mentes. Él puede resolver cada deuda, y aun, cada conflicto matrimonial, dándonos la victoria en toda prueba obscura, cuando confiamos en Él.

Hay dos asuntos que debemos resaltar, relacionados con el por qué Dios nos permite tener problemas serios. Primero, desde el punto de vista divino, las pruebas no tienen el propósito de hacernos daño, sino probarnos y mostrarnos la gloria de la luz de Dios. Segundo, se nos llama a ser luz resplandeciente en medio de las tinieblas de este mundo. Esto puede suceder solamente cuando nos llenamos de Él, quien es la luz, y dejamos que su presencia venza por medio de nosotros, resplandeciendo en la oscuridad que está alrededor nuestro. Tenemos que recordar que la luz del mundo está de nuestra parte. Dios quiere que estemos libres de todo temor.

No hay duda, que en nuestro mundo, nos enfrentamos con serios desafíos a nuestra fe. Si te quedas concentrado en el problema, te desanimarás. En cambio, concéntrate en la respuesta, quien es Cristo. Pídele, a quien es la luz, a levantarse en ti y echar de ti las tinieblas.

Cuando entras en un cuarto obscuro lo primero que buscas es el interruptor de la luz. Cuando lo hallas, y prendes la luz, se desaparece la obscuridad y puedes ver donde estás y a donde vas. La luz hecha fuera las tinieblas, y cuando tu luz es mayor que la obscuridad a tu alrededor, aquella obscuridad huirá.

En la noche, cuando estás en tu cuarto que tiene luz, si abres la cortina de una ventana, la obscuridad de afuera no se lanza hacia adentro intentando llenar la luz con las tinieblas. ¡No! Mas bien, la luz de tu cuarto se extiende hacia afuera echando las tinieblas. Eso es lo que Dios desea en cada uno de nosotros.

No tienes que temer a nada. Pon tus ojos en Jesús y pon toda tu confianza en Él. Las Escrituras prometen:

Tú guardarás en completa paz a aquel cuyo pensamiento en ti persevera; porque en ti ha confiado.

Isaías 26:3

Confiando en Él ... aun el la adversidad

Asegurado está su corazón; no temerá,
Hasta que vea en sus enemigos su deseo.

Salmo 112:8

Las tinieblas traen temor, mas Dios quiere establecerte y darte un corazón libre del temor. Probablemente, ninguno de nosotros esté totalmente libre. De repente, sufrimos temores. Sin embargo, es diferente pasar un momento de temor que estar llenos de temor. Confiesa tu temor al Señor y permítele echarlo de ti. David reconoció abiertamente su temor:

En el día que temo,
Yo en ti confío. Salmo 56:3

Así como David, permite que la luz brillante de Dios se levante dentro de ti y te establezca con su amor. Al establecer el amor de Dios en tu corazón, no serás perturbado por las tinieblas que estén a tu alrededor:

¿Y quién es aquel que os podrá hacer daño, si vosotros seguís el bien? Mas también si alguna cosa padecéis por causa de la justicia, bienaventurados sois. Por tanto, no os amedrentéis por temor de ellos, ni os conturbéis, sino santificad a Dios el Señor en vuestros corazones, y estad siempre preparados para presentar defensa con manse-

¿Por qué luchamos tanto?

dumbre y reverencia ante todo el que os demande
razón de la esperanza que hay en vosotros.
1 Pedro 3:13-15

Otras personas estarán viendo como pasas las pruebas. Al ver que estás caminando con confianza en el Señor, en lugar de estar abatido, ellos también se preguntarán, "¿Qué razón hay para la esperanza que tienes?" ¡Qué gran oportunidad tendrás para compartirles acerca de nuestro Dios!

La fortaleza de David era conocer que Dios era su única esperanza. Aun, en medio de situaciones que parecían imposibles, él pudo clamar a Dios y encontrar la respuesta que él buscaba para el momento.

David enfrentó muchos días obscuros durante su vida. Hubo un tiempo muy difícil en su vida, cuando Saúl le perseguía y celosamente trataba de matarle, David buscó refugio en el campamento de los filisteos. Los filisteos eran, tradicionalmente, los enemigos de Israel, y cuando el rey filisteo, Abimelec, cuestionó la presencia de David en su campamento, David tuvo que fingir estar loco para escapar de la ira de los filisteos.

¡Qué situación! Él estuvo en medio de sus enemigos, escondiéndose de su propio rey y teniendo que disfrazarse para poder sobrevivir. ¿Qué hubieras hecho? Mas, en medio de esta hora tan obscura, David comenzó cantando al Señor:

Confiando en Él ... aun el la adversidad

Bendeciré a Jehová en todo tiempo;
Su alabanza estará de continuo en mi boca.
En Jehová se gloriará mi alma;
Lo oirán los mansos, y se alegrarán.
Engrandeced a Jehová conmigo,
Y exaltemos a una su nombre.
Busqué a Jehová, y Él me oyó,
Y me libró de todos mis temores.

Salmos 34:1-4

¡Qué testimonio! Con enemigos a cada lado, David pudo declarar confiadamente que el Señor le había librado de todos sus temores. Este ejemplo debe traer esperanza a cada uno de nosotros, porque el Dios de David es nuestro Dios también.

Isaías desafió al pueblo de Dios a que no se atemorizara:

Ahora, así dice Jehová,
Creador tuyo, oh Jacob,
y Formador tuyo, oh Israel:
No temas, porque yo te redimí;
te puse nombre, mío eres tú.   Isaías 43:1

Si estás experimentando temor, y estás amenazado por la derrota, debes saber que Dios está contigo. Tu socio en el pacto no te desamparará. Él te ha comprado con su propia sangre, con un precio mayor de lo que puedes imaginar. Tú le perteneces. Él te ama, y está de tu parte. Así que, ningún mal te puede llegar. Él te librará por medio de su Palabra. Todos somos lastimados de vez en cuando, mas Dios nos cuidará del mal.

Como padres, podemos entender un poco como se siente Dios por sus hijos. Cuando nuestros hijos tienen dolor, a nosotros nos duele también. Cuando tienen temor, sufrimos con ellos. Haríamos todo lo posible para protegerles y cuidarles del mal. ¡Cuánto más nuestro Padre Celestial cuida de nosotros!

Debemos aprender a temer solamente a Dios:

El temor del hombre pondrá lazo;
Mas el que confía en Jehová será exaltado.

Proverbios 29:25

La palabra hebrea traducida *"lazo"* pinta un cuadro. Está diciendo que alguien puede ponerte un lazo alrededor del cuello y llevarte por dondequiera. Si temes lo que el hombre puede hacerte, el Señor quiere librarte de aquel temor. Unicamente témele a Dios y prosperarás. Él puede hacer que tus enemigos vivan contigo en paz:

Cuando los caminos del hombre son agradables a Jehová,
Aun a sus enemigos hace estar en paz con él.

Proverbios 16:7

Confiando en Él … aun el la adversidad

Nótate que hay una condición para esta promesa: *"Cuando los caminos del hombre son agradables a Jehová"*. ¿Tienes el hábito de agradarle al Señor, o eres de aquellos que constantemente buscan agradar a la gente que está a tu alrededor? Dios está buscando a quienes le buscan a Él y preguntan, "Dios, ¿qué te agrada en esta situación? Padre, ¿qué quieres que haga? Si le haces estas preguntas, puede ser que no agrades a nadie, pero si le agradas a Él, esto es lo más importante.

Si buscamos vivir una vida que agrade a Dios, habrá momentos que nuestras decisiones no serán populares y muchos podrán volverse contra nosotros. Cuando esto sucede, no te preocupes. Aquel, quien está de parte nuestra, nos dará gran paz en nuestros corazones a cambio de la tristeza que sentimos cuando otros no se agradan de nuestras decisiones.

Vive para agradar a tu Padre Celestial, y si le agradas a Él, también agradarás a los que son de Él, aquellos quienes están en el mismo camino. La meta es agradar a Dios. Nada es más importante en la vida.

El temor de Dios, que es una gran reverencia por su grandeza, te traerá bendición abundante. Cualquier temor que no es de Dios, nos roba. Si estás consumido por el temor, nunca conocerás la felicidad. Mientras estás asustado, pensando en lo que viene, sea el próximo día, o la próxima semana, no conocerás el gozo verdadero. El temor que incapacita es parte de la maldición y es para los que resisten a Dios, mas no debe ser parte de la experiencia cristiana (Deuteronomio 28:15-16).

Jesús tomó nuestra maldición sobre su propio cuerpo al estar colgado sobre un madero y pagó nuestra deuda para que nosotros pudiésemos ser libres del pecado y su maldición. Recibe la liberación que ha sido provista por medio del sacrificio, y vive libre de todo temor.

Al hablar de temor, lo hago por mi propia experiencia. Sé lo que es ser paralizada por esta fuerza maligna. Durante un año entero experimenté ataques de ansiedad. Era una experiencia terrible que no desearía para nadie.

He vivido libre del temor durante veintiséis años porque Dios oyó mi clamor y vino para librarme. Por eso, animo a los demás a buscarle. Sé lo que Él ha hecho por mí y Él lo hará para todos los que claman a Él en verdad.

Conocer la Palabra de Dios puede ayudarnos en gran manera a ser libres del temor. Su Palabra está llena de promesas maravillosas. Para ti, Él dice:

El ángel de Jehová acampa alrededor de los que le temen,
Y los defiende.   Salmo 34:7

Si puedes aprender a temer a Dios, a reverenciarle y admirarle con respeto profundo, no tendrás

razón para temer a las personas, y esta promesa podrá ser tuya. Sus ángeles acamparán alrededor
tuyo, protegiéndote de cada enemigo. Todavía podrán llegar las pruebas, y las cosas malas podrán
pasar, pero no tienes motivo para luchar, si estás
descansando en el Señor. Él te dará la victoria sobre
cada enemigo. Pídele, y luego confía en Él, que Él
obrará a tu favor.

Capítulo 10

Haciendo las obras de Dios ... a través de Cristo

Todo lo puedo en Cristo que me fortalece.

Filipenses 4:13

Por que Dios está con nosotros, y hemos entrado en una relación basada en un pacto con Él, nos ha dado el privilegio de actuar en su nombre. Debemos hacer sus obras, compartiendo su fortaleza.

Teóricamente sabemos que esto es verdad porque Dios no miente. Pero en la realidad, sabemos que hay momentos cuando estamos obligados a confesar a Dios, "No tengo la energía. Estoy asustado. Ni se dónde debo comenzar".

Haciendo las obras de Dios ... a través de Cristo

En estos momentos debemos mirar más allá de nuestras limitaciones y tomar de su ilimitada fortaleza y de su capacidad, recordando su promesa: *"Todo lo puedo en Cristo que me fortalece"*.

Posiblemente te encuentras en una situación de trabajo que está por encima de tu capacidad. Si es así, quizás te sientes totalmente abrumado. La mayoría de nosotros lo hemos experimentado alguna vez. Clama a Dios, confesando tu incapacidad y buscando la capacidad de Él, y te sorprenderás cuan pronto Él viene a socorrerte.

Nuestro Señor es tan bondadoso en estas situaciones. Él conoce lo que podemos manejar, y su deleite está en darnos de su fortaleza. Él se deleita en derramar de su gracia. Él se deleita en proveer todo lo necesario para nosotros poder pasar las situaciones más difíciles.

Es mejor no esperar una crisis para buscar a Dios. Lo ideal es buscarle cada día y conocer que en cada situación estamos siendo guiados por su luz y esforzados con la fortaleza de Dios. Sea lo que sea, Él está con nosotros y nos dará de su capacidad para realizar lo que necesitamos hacer.

Al pensar en su promesa, primero dada a los que Filipenses, por lo general ponemos énfasis en la parte que habla de la capacidad de hacer *"todo"*. En cambio, en el griego original, el énfasis es distinto. Una traducción más literal podría ser:

¿Por qué luchamos tanto?

Puedo hacer todo lo que Dios exige de mí por el poder de Cristo quien está viviendo dentro de mí.

También se podría traducir:

Puedo hacer todo lo que Dios me pide con la ayuda de Cristo, quien está dándome su fortaleza y su poder.   Filipenses 4:13

La idea no es que podemos hacer cualquier cosa que nos de la gana. Podemos hacer todo lo que Dios nos está pidiendo. Cuando Él pide algo en particular de nosotros, Él se está obligando a capacitarnos para tal obra.

La palabra *"fortalece"* es muy importante. Significa literalmente, "el poder de Dios, que está morando en nosotros". Es el poder de Dios que nos capacita para cumplir lo que Él nos está exigiendo.

En vista del hecho de que Dios pone su habilidad dentro de nosotros y nos capacita para hacer "todo", Pablo animaba a los creyentes del primer siglo a presentar sus *"cuerpos en sacrificio vivo … a Dios"*:

Así que, hermanos, os ruego por las misericordias de Dios, que presentéis vuestros cuerpos en sacrificio vivo, santo, agradable a Dios, que es vuestro culto racional. No os conforméis a este siglo, sino transformaos por medio de la renovación de vues-

tro entendimiento, para que comprobéis cuál sea la buena voluntad de Dios, agradable y perfecta.

Romanos 12:1-2

Si nos sometemos totalmente a Dios, Él no solamente hará que conozcamos su voluntad, pero nos capacitará para comprobarla. No tengas temor. Dile: "Señor, someto mi cuerpo a ti, como sacrificio vivo. Quiero ser transformado para que mi mente sea renovada para pensar tus pensamientos y para que mis manos puedan hacer tus obras". No tienes nada que perder, pero si tienes todo que ganar.

Pablo siguió:

Digo, pues, por la gracia que me es dada, a cada cual que está entre vosotros, que no tenga más alto concepto de sí que el que debe tener, sino que piense de sí con cordura, conforme a la medida de fe que Dios repartió a cada uno. Porque de la manera que en un cuerpo tenemos muchos miembros, pero no todos los miembros tienen la misma función, así nosotros, siendo muchos, somos un cuerpo en Cristo, y todos miembros los unos de los otros. De manera que, teniendo diferentes dones, según la gracia que nos es dada, si el de profecía, úsese conforme a la medida de la fe.

Romanos 12:3-6

Aunque podemos hacer las obras de Dios, por lo que Él nos capacita, no tenemos nada de que jactarnos. Toda la gloria le pertenece a Él; no obstante, podemos ser dotados por Dios con dones especiales y capacidades que abundarán para la edificación de su reino, y para el desarrollo de su cuerpo aquí en la tierra. Dios es bondadoso para darnos todo lo que necesitamos para alcanzar sus propósitos en nosotros y por medio de nosotros.

Generalmente lo que nos impide hacer las obras de Dios no es alguna fuerza externa, sino nuestra propia humanidad. El salmista nos vio como personas en peregrinaje a través de un valle lleno de pruebas:

Bienaventurado el hombre que tiene en ti sus fuerzas,
En cuyo corazón están tus caminos.
Atravesando el valle de lágrimas lo cambian en fuente,
Cuando la lluvia llena los estanques.
Irán de poder en poder;
Verán a Dios en Sion.
Porque sol y escudo es Jehová Dios;
Gracia y gloria dará Jehová.
No quitará el bien a los que andan en integridad.
Jehová de los ejércitos,
Dichoso el hombre que en ti confía.
                                        Salmo 84:5-7, 11-12

Nuestro Dios tiene todo lo que necesitamos, y Él nos cubre con su bondad a medida que la necesitamos. Si necesitas gracia, Él te bendecirá con gracia. Si necesitas su gloria, que es su presencia manifiesta, Él vendrá a ti. Él hará todo lo necesario para que Él sea reflejado en nosotros y por medio de nosotros. Si confiamos en Él, podremos hacer las obras de Dios a pesar de nosotros mismos.

El valle de lágrimas mencionado en el versículo 6 habla de un lugar de tristeza, crisis, y dolor. Mas el salmista declaró que solamente tenemos que pasar a través de aquel valle. No se espera que nos quedemos allí. Los hijos de Dios no deberían tener que vivir en un lugar de llanto, dolor, o aflicción. La sanidad de Dios nos puede quitar de la miseria. Al declararle: "Mi esperanza está en ti, Señor. Mi confianza está en ti. No puedo entregarte este dolor, así que, por favor, tómalo tú. Yo no puedo hacer nada, pero tú sí puedes. Cambia este lugar donde me encuentro de un sitio de llanto a uno de bendición. Toma mis lágrimas, y cámbialas por bendición y alegría, para que yo muestre al mundo que tú vives. Da a tu pueblo la capacidad para vencer en cada situación y para cumplir todo lo que pides de nosotros.

La entrega a Dios es el mensaje central de este salmo. Los que tienen su fortaleza en Dios, quienes han aceptado estar de peregrinaje, están en camino a un lugar mejor.

No tenemos ninguna razón para plantarnos en un valle de lágrimas; no hay razón para quedarnos allí el resto de nuestras vidas. No seas como aquellos que han levantado una residencia permanente en ese valle, envueltos en sus propias tristezas, constantemente de luto, llorando.

El Señor nos está diciendo, "Ven pueblo mío, pasa adelante. Haz que tu vida sea un peregrinaje y no te quedes mucho tiempo en el valle de lágrimas. Confía en mí para poner en cada uno de ustedes mi capacidad para que este lugar se torne en un sitio de alegría, un sitio de bendición, y un sitio de fuentes".

Si te has propuesto pasar por el valle y no quedarte enlodado en tu sufrimiento, tú podrás pasar de fortaleza en fortaleza al alimentarte con los recursos de Dios.

El proceso de madurar gradualmente por la capacidad de Dios se ve también en el Nuevo Testamento:

> *Por tanto, nosotros todos, mirando a cara descubierta como en un espejo la gloria del Señor, somos transformados de gloria en gloria en la misma imagen, como por el Espíritu del Señor.*
>
> 2 Corintios 3:18

Si has determinado que vas adelante con Dios, Él está cambiándote de *"gloria en gloria"*. Al mirarle, podemos decir, "Oh Dios, eres tú en quien confío. No puedo hacerlo solo. No puedo soltar el dolor, el resentimiento, el enojo, y el odio. No puedo soltar la aflicción sin tu ayuda. Mas, Señor, he escogido fijar mis ojos en ti".

Mirándole al Señor, somos cambiados, y conformados más a su imagen. Cuando Pablo escribió que somos *"transformados de gloria en gloria"*, él estaba indicando que empezamos a reflejar la grandeza de Dios mientras estamos aquí en la tierra, aun en medio de tantas dificultades.

Esto no depende de que seamos perfectos, aunque a veces este es nuestro problema. Queremos ser perfectos, y nos decepcionamos cuando no lo somos. Pensamos, "De verdad he fallado. He caído. He hecho cosas que no debo hacer, y me parece que no puedo hacer nada bien". Dios nos habla en nuestra preocupación. Él dice:

Por Jehová son ordenados los pasos del hombre,
Y él aprueba su camino.
Cuando el hombre cayere, no quedará postrado,
Porque Jehová sostiene su mano.

Salmo 37:23-24

A veces nos sentimos que esta escritura no se nos puede aplicar, porque habla de "los pasos del hombre" (sabemos por el contexto que tiene que ser un hombre bueno) y no nos sentimos muy buenos. Pero no somos "buenos" por nuestra bondad, sino somos "buenos" por la bondad de Dios que está morando en nuestra vida.

¿Por qué luchamos tanto?

Cuando recibimos a Jesús como Salvador, Él comienza a morar en nosotros. No teníamos ninguna justicia, mas ahora, Dios nos mira a través de la justicia de Cristo, lo que nos califica para recibir sus bendiciones.

¿Podría este versículo ser aplicable, aun cuando parece que fracasamos repetidamente? Deja que las Escrituras contesten:

Porque siete veces cae el justo, y vuelve a levantarse;
Mas los impíos caerán en el mal.
Proverbios 24:16

¿Existe, entonces, *"el justo"*? ¡Sí! Un hombre justo es alguien quien está intentando vivir la vida correcta por la gracia de Dios. Aunque el tal cayere siete veces, ciertamente se volverá a levantarse. Miqueas también habla de este tema:

Tú, enemiga mía, no te alegres de mí, porque aunque caí, me levantaré; aunque more en tinieblas, Jehová será mi luz. Miqueas 7:8

Miqueas había determinado para sí, que él iba a seguir adelante y seguirle a Dios sin importar lo que podía pasar. Tenemos que tener la misma determinación. Aunque hayas caído, no puedes darte por vencido. Dios te puede levantar, y Él te puede dar de su fortaleza. Búscale a Él hoy mismo. Que tu determinación sea: "Quizás fracasé; quizás caí, pero no me quedo derrotado. ¡Estoy decidido a seguir adelante con Dios!"

Darte por vencido y no luchar sería la salida más fácil. Revolcarse en su propio llanto es un escape conveniente, pero no es una solución. No te preocupes de ser derribado nuevamente. Levántate una vez más. Párate. Eres un escogido de Dios. Sigue adelante y confía en Él, que Él te ayuda. Humíllate delante del Señor, y Él te exaltará nuevamente, así como Él lo ha prometido:

Humillaos delante del Señor, y él os exaltará.
Santiago 4:10

Posiblemente estás en el valle de la desesperación profunda. El profeta Habacuc habló de esto:

Aunque la higuera no florezca,
Ni en las vides haya frutos,
Aunque falte el producto del olivo,
Y los labrados no den mantenimiento,
Y las ovejas sean quitadas de la majada,
Y no haya vacas en los corrales;
Con todo, yo me alegraré en Jehová.
Habacuc 3:17-18

No necesitamos tener lástima de nosotros mismos. Necesitamos determinación para vencer, para regocijarnos y para ser alegres delante de Dios. El regocijo no es tan sólo un sentimiento que pudiéramos tener o no. Podemos ejercer la alabanza por nuestra voluntad. Dios nos ha dotado a cada uno una mente y voluntad. ¡Utiliza tu don! Decide que no vas a quedarte en el valle de lágrimas, en el lugar de tristeza y llanto. Decide que vas a regocijarte en Dios. Determina tener éxito por medio de la capacidad de Dios, y no por tus propias fuerzas.

Muchos tenemos la tendencia a quedarnos muy cargados, tratando de hacer demasiado a la vez. Nuestra cultura contemporánea nos dice que lo podemos hacer todo, tener todo, y ser todo. Pero es necesario que aprendamos a manejar con mayor eficacia nuestro tiempo, nuestras finanzas, y nuestros talentos. Si seguimos este tren de vida vamos a trabajar en muchas cosas a la vez. Jesús nos advirtió acerca de los peligros de esta forma de actuar:

> *Mirad también por vosotros mismos, que vuestros corazones no se carguen de glotonería y embriaguez y de los afanes de esta vida, y venga de repente sobre vosotros aquel día.*
>
> Lucas 21:34

La definición de la palabra *"glotonería"* es "desparramar las energías sin meta". Considera esto. Si estamos haciendo cosas que Dios no nos ha dirigido a hacer, podemos salirnos del camino y disipar nuestras energías sin ningún objetivo. Su promesa de fortaleza y capacidad es para las cosas en las cuales Él nos dirige a comprometernos, no para cumplir nuestros propios objetivos. Aprende a concentrarte en lo que Dios te ha mandado.

Conjuntamente con una meta, necesitamos compañerismo. Cuando nuestro enemigo viene para desanimarnos y nos causa perder nuestra meta necesitamos a otros miembros del cuerpo de Cristo para pararse juntamente con nosotros y animarnos a mantenernos fieles al llamamiento de Dios. Todos necesitamos verdaderos amigos quienes oren por nosotros y nos minístran, ayudándonos a hacer todo lo que Dios nos ha llamado hacer. Es fuerte la llamada a tal compañerismo en las Escrituras:

Antes exhortaos los unos a los otros cada día, entre tanto que se dice: Hoy; para que ninguno de vosotros se endurezca por el engaño del pecado.
Hebreos 3:13

Necesitamos alentarnos mutuamente *"entre tanto que se dice: Hoy"*, que es todos los días. Ninguno puede caminar a solas, y por eso, Dios nos ha juntado en el cuerpo de Cristo.

El autor de Hebreos sigue:

¿Por qué luchamos tanto?

Porque somos hechos participantes de Cristo, con tal que retengamos firme hasta el fin nuestra confianza del principio. Hebreos 3:14

"Somos hechos participantes de Cristo". Somos co-partícipes de Cristo; somos socios del pacto con el Dios Todopoderoso por medio de Jesucristo... *"con tal que retengamos firme hasta el fin nuestra confianza del principio".* Vamos a alcanzar la meta, a pesar de nosotros mismos.

CAPÍTULO 11

NACIDOS PARA UN PROPÓSITO ... ESOS SOMOS NOSOTROS

Y sabemos que a los que aman a Dios, todas las cosas les ayudan a bien, esto es, a los que conforme a su propósito son llamados.

Romanos 8:28

Porque estamos unidos a Dios por medio de un pacto, somos un pueblo que tenemos propósito, y solamente tenemos que descubrir el propósito de Dios para nuestras vidas.

Dios nos está llamando *"conforme a su propósito"*, tanto su propósito para su reino, como también su propósito para nuestras vidas individualmente. Cada uno tenemos un propósito en la vida que va mas allá de lo que hemos imaginado. Nuestro Padre tiene una visión específica, una obra específica, para cada uno, y podemos cumplir esta visión con su ayuda.

El propósito para tu vida se estableció antes de la fundación del mundo. Dios tiene algo específico que debes hacer, algo que, sin duda, no ha sido cumplido todavía. Así que, tenemos que estar buscándole a Dios para conocer y cumplir nuestro propósito.

Para poder alcanzar el objetivo de Dios para tu vida, tienes que comenzar hoy, haciéndolo cada día. No puedes vivir en el mañana. Es una cosa hacer buenos planes, pero si no cumplimos los planes, no lograremos nada. Hoy es el día para progresar.

Tus planes deben ser inspirados por Dios. Tus planes pueden ser buenos, pero a menos que concuerden con el plan de Dios para tu vida, llevarán poco fruto. No es incorrecto pedirle a Dios que nos ayude a alcanzar ciertas metas personales que deseamos alcanzar, pero si estas metas no están de acuerdo con el plan divino, nos debemos preguntar: ¿Qué esperamos alcanzar a largo plazo? Confía en Dios y busca sus planes, sin desarrollar los tuyos. Él sabe lo que es mejor para tu vida.

Lo que Pablo enseñó a los Romanos también tiene relación con tu vida:

Porque a los que antes conoció, también los predestinó para que fuesen hechos conformes a la imagen de su Hijo, para que Él sea el primogénito

Nacidos para un propósito ... esos somos nosotros

entre muchos hermanos. Y a los que predestinó, a éstos también llamó; y a los que llamó, a éstos también justificó; y a los que justificó, a éstos también glorificó. Romanos 8:29-30

Estás predestinado a la grandeza. El propósito establecido por Dios para tu vida puede cumplirse solamente al ser llamado, justificado, y glorificado. La grandeza de tu potencial puede ser realizado tan solamente al ser conformado *"a la imagen de su Hijo"*. Mucho de lo que Dios está haciendo diariamente en nuestras vidas tiene el propósito de conformarnos con la imagen de Jesús. Dejemos de luchar contra las fuerzas que Dios utiliza y para hacer su obra dentro de nosotros. Descansa y permítele moldearte de la manera que Él quiera.

Tenemos que escoger entre dos posibilidades en la vida: Podemos conformarnos a este mundo, lo más fácil y lo que hacen la mayoría de las personas, o podemos rechazar la presión a conformarnos al mundo y escoger ser como Jesús. Resulta, entonces, ser una decisión entre voluntad propia y negarse a sí mismo, que al fin, es lo que Dios exige de nosotros. No es una decisión fácil, pero promete galardones sorprendentes para todos los que estamos dispuestos a tomarla.

Quizás alguien se pregunta, "¿Por qué está pidiendo Dios que hagamos tanto?" La respuesta: Él no está pidiendo que hagamos mucho. Él ya lo hizo todo. Dio su vida por nosotros. Derramó su sangre también. Lo hizo todo por nosotros. Lo único que Él pide es que reconozcamos aquellos hechos, y que le permitamos hacer lo que no podemos hacer por nosotros mismos. Él está preparado para llevarnos adelante a la grandeza.

Las palabras de Pablo se dirigieron *"a los que aman a Dios"*. Esto es importante. Si amas a Jesús y le haces el Señor de tu vida, permitirle tomar las decisiones por ti no es difícil. Mas bien, es maravilloso. Jesús dijo:

Si me amáis, guardad mis mandamientos.
Juan 14:15

Esta es una prueba de nuestro amor para con Dios: El estar dispuesto a obedecerle en todas las cosas, porque confiamos totalmente en su juicio.

Jesús añadió una promesa maravillosa:

Y yo rogaré al Padre, y os dará otro Consolador, para que esté con vosotros para siempre: el Espíritu de verdad. Juan 14:16-17

El propósito del *"Consolador"*, el Espíritu Santo, en nuestras vidas es ayudarnos a conformarnos a la imagen de Cristo, y disponernos a confiar en su juicio y capacitarnos para obedecerle sin cuestionamiento, y sin sentir que lo que nos pide es una imposición sobre nosotros. Si tomamos una decisión incorrecta en esto, es muy serio:

El que no me ama, no guarda mis palabras.

Juan 14:24

Otra traducción de la frase *"no guarda"* es *"no hace caso de"*. Es posible hacer caso omiso de la Palabra de Dios. Si escoges este camino, debes conocer lo que la Biblia declara con franqueza y claridad. No dar atención a la Palabra es una señal que no amas a Dios de verdad.

Si le amamos de verdad, ¿Cómo podemos desconfiar de sus propósitos eternos para nuestras vidas? ¿Cómo podemos cuestionar lo que Él desea para nosotros? ¿Cómo podemos desobedecerle?

Algunos dicen que aman a Dios y luego se van felices por su propio camino, haciendo exactamente lo que quieren de día en día sin hacer caso a la voluntad y el propósito de Dios para sus vidas. Solamente podemos decir que estas personas están engañadas, o son engañadores, o posiblemente, son tanto lo uno como lo otro.

Nuestro amoroso Padre celestial ha establecido un orden, un propósito eterno, y un plan, y el orden establecido demanda atención específica al horario:

Todo tiene su tiempo, y todo lo que se quiere debajo del cielo tiene su hora. Eclesiastés 3:1

¿Por qué luchamos tanto?

Todo lo hizo hermoso en su tiempo; y ha puesto eternidad en el corazón de ellos, sin que alcance el hombre a entender la obra que ha hecho Dios desde el principio hasta el fin. Eclesiastés 3:11

Antes de la formación del universo, Dios había establecido sus propósitos, y estableció en qué momentos se cumplirían tales propósitos.

Él *"ha puesto eternidad en [nuestro] corazón"*. Conocemos que la vida es mucho más que lo elemental de nuestro diario existir. Esto no significa que tenemos que vivir miserablemente para poder ganar algún galardón futuro. Él desea que sus hijos estén felices *ahora mismo*. Él desea que sus hijos se gocen de los beneficios de su reino aquí mismo en la tierra.

El llamado de la eternidad en nuestros corazones nos hace sentir el tiempo de Dios, y movernos dentro de él. Ha sido un privilegio para mí en los últimos años predicar el evangelio en Rusia y en Ucrania, con resultados asombrosos. Personas que nunca oyeron las buenas nuevas antes, recibieron ansiosamente la Palabra y fueron salvos por cientos y miles. Me asombré tanto, y pude concluir que simplemente había llegado la hora de Dios para ellos.

Dios se nos había adelantado para preparar los corazones de la gente. Tenían un vacío en sus vidas que solo Dios pudo llenar, y estaban clamando por algo real en lo que pudieran apoyarse. Dios lo sabía todo y nos envió a ellos, en el momento preciso.

Auditorios con capacidad para mil personas se llenaron con el doble, y venían las personas con ganas de oír lo que teníamos que decir.

El mensaje que predicamos era sencillo. No perdíamos el tiempo con la elocuencia. Les contamos que Dios les amaba, que la relación entre Dios y el hombre fue rota por causa del pecado, mas Jesús había venido para restaurar la relación entre ellos y Dios por medio de su sacrificio. "Jesús les ama", les decíamos, y ellos respondieron.

¡Qué privilegio fue estar presentes, participando con estas personas en la experiencia de la salvación, ver cumplirse el propósito de Dios en sus vidas, y en las nuestras! Valió la pena.

La mayoría de las personas se dan cuanta por naturaleza que hay algo más relacionado con la vida de lo que pueden ver con sus ojos naturales. Lo que a veces no nos damos cuenta, es que todo lo que experimentamos aquí en la tierra es solamente una preparación para la eternidad.

También fallamos, a veces, en comprender las estaciones de nuestras vidas. En cualquier momento dado, Dios está haciendo algo especial en nosotros. Si somos fieles para andar con Él en ese momento de preparación, Él nos llevará a un nivel más alto.

Como pasan los ciclos naturales del clima, la primavera, el verano, el otoño, el invierno, y nuevamente la primavera, el verano, el otoño, el invierno... así pasamos ciertas temporadas en la vida que pueden ser distintas y, así de esta manera, confusas. Vive una estación a la vez, y sé fiel en ese momento, cualquiera que sea.

Si eres de los que sienten que no tienen ningún propósito en la vida, ninguna razón para salir adelante, debes saber que todavía hay algo grandioso que hacer, no importando tu edad, no importando tus circunstancias. Dios no ha renunciado a ti. Él no te ha puesto en una repisa. Él todavía está obrando en ti, y desea obrar por medio de ti.

Hubo un momento en mi vida en que oré para que Dios me hiciere amar a los que no se podían amar fácilmente. Él contestó dicha oración poniendo en mi vida a un vecino antipático que había vivido cerca de nosotros durante trece años. Poco a poco pude mirar más allá de los aspectos desagradables de su apariencia y personalidad para ver su corazón, un corazón tan grande como un océano. Llegué a amar a aquel hombre mucho, me dolió y le extrañé.

Luego, me di cuanta que si Dios no hubiera puesto a aquel vecino en mi vida, y si no le hubiera pedido al Señor que me enseñare a amarle, una parte de mí habría pasado sin ser refinada y hubiera seguido lejos de la imagen de mi Cristo amoroso.

A veces he faltado en reconocer que la mano de Dios estaba obrando en mi vida. A veces, de hecho, he dado un paso atrás y he mirado las situaciones de mi vida, me he dicho, "No es posible que Dios tenga bajo su control aquello". Pero estuve errada. Él tiene todo bajo control y está reinando en las vidas de aquellos, quienes le aman. Por lo general, al fin, podemos ver como una situación ha obrado para nuestro bien, y si no es así ahora, entenderemos en la eternidad que todo lo que Dios permite en nuestras vidas tiene el fin de perfeccionarnos en Él.

Hay personas que reciben a Cristo y se encuentran ligados en matrimonio a un incrédulo. Si este es tu caso, podría ser el resultado de algunas decisiones malas de parte tuya, Dios lo ha permitido. Él supo de antemano que estarías descorazonado, y Él tiene la intención clara de arreglarlo. Él se da cuenta de que no duermes y que lloras. Esto le causa tristeza. Mas, créeme, Él tiene un propósito. Confía en Él y verás que algo maravilloso resultará de tu situación miserable.

Cada pena y cada lágrima tiene un propósito eterno. Dios cambiará tus lágrimas en perlas para su gloria, porque, así como Él nos ha redimido, Él redimirá las situaciones de nuestra vida.

Algunos nos afligimos por los errores que hemos cometido. Nos afligimos por el tiempo, las oportunidades, y las posibilidades que hemos perdido. Pero Dios puede cambiar todo para su gloria. Él es el Dios de restauración y conoce como restaurar el tiempo que hemos perdido por causa del pecado, del error, y de la falta de decisión, y utilizarlo todo, de alguna manera, para sus fines eternos. Así que, no hay nada perdido con Dios.

Parecería que los doce años que yo pasé errante, estudiando las doctrinas de la Nueva Era, y tratando de encontrar mi propio camino, ciertamente fue tiempo perdido. Pero Dios lo ha tomado, aun aquello, y lo ha cambiado para su gloria. Tengo un profundo odio por lo falso y un profundo amor para lo que proviene de Dios. Esta experiencia me ha hecho una creyente mucho más fuerte, y me ha capacitado para ministrar a otras personas.

Desde que conozco a Cristo, mi vida no ha sido perfecta, pero yo sé que mi experiencia me ha llevado más cerca a la meta de ser como Cristo. Somos como barro mojado, vertidos en un molde. Con el tiempo tomamos la forma del molde. Al secar, o madurar, se hace más y más fuerte, hasta que, con el tiempo, es difícil cambiar. Isaías escribió:

Este es el consejo que está acordado sobre toda la tierra, y esta, la mano extendida sobre todas las naciones. Porque Jehová de los ejércitos lo ha determinado, ¿y quién lo impedirá? Y su mano extendida, ¿quién la hará retroceder?

Isaías 14:26-27

Hay ocasiones en que sentimos que Satanás ha logrado arruinar los propósitos de Dios en nuestras vidas, mas no es así. De acuerdo a las promesas de las Escrituras, es imposible para Satanás impedir los propósitos de Dios. Podría retrasarlos poniendo obstáculos, pero al fin y al cabo, Dios está en control, y no hay nada que Satanás puede hacer para impedir que cumplamos nuestro destino, si permanecemos fieles a Dios. No puede pasar nada a menos que Dios lo permita, por lo tanto, sabemos que algo bueno va a resultar.

A veces es difícil explicar por qué las cosas malas les han pasado a las personas buenas. No podemos explicar por qué algunos sufren más que otros. Hay tanto que no podemos explicar. Pero no cambia el hecho de que Dios es bueno y sus hijos están destinados a la grandeza, a pesar de las circunstancias que enfrentan a lo largo del camino.

En Dios, seremos victoriosos. Pueden levantarse gigantes en nuestras vidas, la depresión, el temor, el odio, el resentimiento, el divorcio, la bancarrota, la enfermedad, los accidentes, y sigue la lista, y todos ellos pueden tratar de impedirlo. Mientras trabajan los gigantes, Dios está obrando, aunque no le vemos, y la meta final está asegurada. Estamos predestinados a participar de la grandeza de Dios.

En una ocasión leí una historia acerca de un hombre que miraba mientras jugaba su hijo. Él se mantuvo a distancia para darle a su hijo espacio y permitirle sentir su independencia. El niño corría de lado a lado, jugando con sus amigos. De repente, se cayó y se lastimó. ¿Qué pasó?

¿Por qué luchamos tanto?

El papá, quien nunca quitó sus ojos del pequeño, corrió rápidamente para auxiliar a su hijo y lo levantó, limpiándole el polvo, y le sostuvo en sus brazos mientras él limpiaba, vendaba y consolaba a su hijo. Pero no le tuvo así siempre. Después de confortar, limpiar, y ayudar al niño, lo bajó y el niño corrió a jugar como antes. Intervino solamente en el momento de la necesidad del niño.

¿Diríamos que este hombre interfería en la vida de su hijo? En ninguna manera. Dejaba al niño jugar. Él, sin embargo, estaba siempre vigilante y venía al rescate del niño en tiempo de necesidad. Esto, para mí, es un cuadro de nuestro Padre Celestial. De esta manera Él ha manifestado su amor en mi vida.

Él nunca nos abandonará; nunca nos dará la espalda. Y cuida nuestras vidas de los peligros para que cumplamos sus propósitos eternos:

Acordaos de las cosas pasadas desde los tiempos antiguos;
porque yo soy Dios, y no hay otro Dios,
y nada hay semejante a mí,
que anuncio lo por venir desde el principio,
y desde la antigüedad lo que aún no era hecho;
que digo: Mi consejo permanecerá,
y haré todo lo que quiero;
que llamo desde el oriente al ave,
y de tierra lejana al varón de mi consejo.

Nacidos para un propósito ... esos somos nosotros

Yo hablé, y lo haré venir;
lo he pensado, y también lo haré. Isaías 46:9-11

Dios te ha hecho con un propósito. Él te ha corta-
do del molde divino, y no permitirá que nada pase
que te robe de tu destino. Para ti, a veces podría parecer que todo está perdido. Podrías pensar que tu
vida está acabada y preguntarte si hay alguna razón para seguir adelante. En estos momentos debes
volverte a la Palabra de Dios y refrescarte con sus
promesas:

Estando persuadido de esto, que el que comenzó
en vosotros la buena obra, la perfeccionará hasta
el día de Jesucristo. Filipenses 1:6

Todavía, Dios no ha acabado contigo, y si sigues
confiando en Él, sus propósitos eternos serán cum-
plidos en tu vida.

CAPÍTULO 12

LA FE
... LO QUE QUITA
TODO IMPEDIMENTO

Y había allí una mujer que desde hacía dieciocho años tenía espíritu de enfermedad, y andaba encorvada, y en ninguna manera se podía enderezar. Cuando Jesús la vio, la llamó y le dijo: Mujer, eres libre de tu enfermedad. Y puso las manos sobre ella; y ella se enderezó luego, y glorificaba a Dios.   Lucas 13:11-13

*A*unque, como hijos de Dios poseamos grandes promesas, muchos miembros del cuerpo de Cristo están como esta mujer antes de su encuentro con el Señor aquel día. Sus cabezas están inclinadas al piso, y no levantadas al cielo. Están desanimados. Han perdido sus esperanzas. Se han dado por vencidos.

Lo que Jesús dijo a la mujer es muy significativo: *"Eres libre"*. La obra está terminada. El lazo del enemigo ha sido roto. Somos libres. Solamente necesitamos que Dios ponga su dedo bajo nuestro mentón y levante nuestros rostros hacia el cielo para que podamos ver la verdad de nuestra salvación. Necesitamos aceptar, por la fe, la obra acabada de la cruz.

En otra ocasión, dos hombres ciegos estaban siguiendo a Jesús, clamando: *"¡Ten misericordia de nosotros, Hijo de David!"* Le siguieron a la casa donde Él se quedaba, y comenzaron una conversación:

¿Creéis que puedo hacer esto? Ellos dijeron: Sí, Señor. Entonces les tocó los ojos, diciendo: Conforme a vuestra fe os sea hecho. Y los ojos de ellos fueron abiertos. Mateo 9:28-30

"Conforme a vuestra fe os sea hecho". No es suficiente sólo reconocer intelectualmente que Dios está de nuestra parte y que Él está listo para luchar en favor nuestro. El entendimiento intelectual del pacto de sangre no es suficiente. Puedes conocer, en teoría, que puedes caminar libre de toda atadura tal como el temor, mas no basta. Cada individuo debe asirse de estas bendiciones por medio de la fe en Dios.

¿Por qué luchamos tanto?

Es posible creer que Dios es bueno y aún no estar seguro de que su bondad sea demostrada en la vida de uno mismo. Hay que creer, y lo que Él ha hecho por Abraham, di, "Lo hará por mí". Le debo conocer, no solamente como el Dios de Abraham, Isaac, y Jacob, y el Dios de Pablo, Bernabé y Timoteo, pero como el Dios de Carol Richardson también. Debo tener fe en Dios en mí propia necesidad.

¡Fe! Todos necesitamos más. Las escrituras declaran:

Así que la fe es por el oír, y el oír, por la palabra [rhema] de Dios.   Romanos 10:17

Nuestra fe viene al oír la *rhema* (palabra) de Dios; la palabra específica que Él nos habla como individuos. El *logos* (palabra), la Palabra de Dios escrita, en su totalidad, que está establecida y nunca cambiará. Podemos leerla y apreciar sus múltiples valores. Tiene valor histórico, valor profético, y valor para inspirar. Pero a menos que Dios venga a través de su Espíritu Santo y haga que el *logos* se vuelva vida para nosotros, la Biblia es solamente como un documento importante.

Cuando el Espíritu sopla sobre una porción en particular y la vuelve real en lo personal, aquella escritura llega a ser una palabra *rhema* para nuestro corazón. La palabra *rhema*, entonces, es simplemente la palabra *logos* sobre la cual Dios mismo ha soplado su vida para nuestra situación en particular. Al suceder así, tómala; agradece a Dios; créela; camina en ella, y nunca la sueltes.

Necesitamos tener la palabra *rhema* de Dios para edificar nuestra fe. Necesitamos tener la Palabra de Dios, sobre la cual Él mismo ha soplado, dentro de nosotros, para que crezca nuestra fe. Si Cristo dijo a los ciegos, *"Conforme a vuestra fe os sea hecho"*, no hay ninguna razón para creer que no nos ha dicho lo mismo a nosotros hoy:

_____ , conforme a tu fe, te sea hecho.

Pon tu propio nombre en el espacio.

Lo único que te está limitando en Dios es tu fe, o la falta de la misma. Debes conocer personalmente las promesas de la Palabra de Dios, y debes poseerlas para ti.

Lo primordial para entender la Palabra de Dios es una relación íntima con Dios mismo, que es imposible hacerlo sin tener primero conocimiento del autor. Debes pasar tiempo con Él si esperas entender sus promesas para ti.

Toma tiempo para entrar en tu aposento y buscarle a Él. Le hallarás esperándote ahí, y Él te responderá cuando ores. Al acercarte, Él te atraerá. Conocerle más íntimamente te ayudará a entender su Palabra para que puedas creer que Él terminará lo que ha comenzado en ti.

¿Por qué luchamos tanto?

Todo lo que enfrentes en tu vida diaria es una oportunidad para ejercer tu fe en Dios, y cada vez que lo hagas, tu fe se incrementará.

Estoy convencida de que pasamos demasiado tiempo repasando nuestros problemas, conversando acerca de la dificultad de las situaciones entre nosotros, y nos falta el tiempo para meditar en la Palabra de Dios y sus promesas. Si habláramos de las promesas de Dios en nuestras situaciones, en lugar de estar concentrados en los problemas y las dificultades que están por delante, podríamos ver, con mayor claridad, que lo que parece ser un problema es, en verdad, una oportunidad para que Dios reciba la gloria y para nosotros crecer en la fe.

Al hacerse una realidad en nosotros una promesa de la Palabra de Dios, podemos declarar la promesa de Dios sobre nuestras vidas y sobre todo lo que tenemos. Él nos ha destinado para ser bendición a todas las personas con las cuales estamos en contacto.

Al leer la Biblia, aplica las promesas a tu propia vida. Mientras estés cumpliendo las condiciones de la promesa, Dios no cambia. Así como muestran las Escrituras, Él *es el mismo ayer, y hoy, y por los siglos* (Hebreos 13:8). Los milagros y las promesas de las cuales leemos en cada porción de la Biblia todavía son válidas para los creyentes de hoy en día. En ninguna manera se ha menguado el poder de Dios.

Dios no puede hacer más de lo que Él está haciendo ahora mismo. No estamos esperando que Él comience a obrar, sino que Él nos está esperando a que nosotros le creamos y recibamos de Él. Esta es nuestra responsabilidad. Debemos aprender la Palabra y creer que tiene aplicación practica en nuestras vidas. No es suficiente saber lo que Dios ha dicho. Debo también conocer como hacer propia la palabra para cada necesidad personal. Todas las promesas en la Biblia son mías, si Dios las vivifica para mí, y si las recibo por la fe.

Cuando regresé al Señor en 1971, no conocía a ningún buen maestro de la Biblia, por lo tanto, me puse a leer, y sigo leyendo la Biblia por mi propia cuenta. Al ser fiel en la lectura, el Espíritu Santo, quien es el verdadero maestro, me empezó a aclarar el mensaje de las Escrituras. Él sigue fiel en enseñar mientras yo sigo fiel para estudiar.

Por mi propia experiencia, estoy segura de que el Espíritu de Dios está enseñando fielmente a todos los que están dispuestos a hacer el sacrificio para aprender. Puedo decir confiadamente que Él hará viva la Palabra para ti, si tú le das el tiempo que Él merece. Haz esto, y Dios comenzará a crear dentro de ti una fe fuerte, valiente, y confiada en que: Lo que Él ha hecho para otros, Él hará también para ti.

La Biblia no es un bufete espiritual que está puesto delante para escoger, lo que nos es grato. No es para creer, o no creer, arbitrariamente, de la manera que nos guste. Todo el Libro Santo es bueno, y debe ser aplicado a nuestras vidas.

¿Por qué luchamos tanto?

Posiblemente las porciones de la Palabra que Dios vivifica para mi espíritu son distintas a las que Él vivifica para tu espíritu. Él sabe lo que necesitamos y la decisión es de Él exclusivamente.

Al leer la Biblia y encontrar las grandes promesas, hay algunas cosas que puedes hacer para ayudarte. Primero, lee la promesa en su contexto y asegúrate que entiendes todo lo que Dios está diciendo, porque las porciones de la Biblia, y los versículos sacados de su contexto, pueden usarse para comprobar casi cualquier asunto.

En segundo lugar, busca cuáles son las condiciones que Dios ha puesto sobre la promesa, y luego ve si estás cumpliendo aquellas condiciones. Si has entendido la promesa correctamente, dentro de su contexto, y has cumplido las condiciones, entonces, por la fe haz tuya la promesa, confiando en Dios para cumplirla dentro de tu vida.

Existe lo que las Escrituras llaman la *"prueba [de] vuestra fe"*:

Que sometida a prueba vuestra fe, mucho más preciosa que el oro, el cual aunque perecedero se prueba con fuego, sea hallada en alabanza, gloria y honra cuando sea manifestado Jesucristo.
                                              1 Pedro 1:7

No menosprecies, ni temas, esta prueba. Todo lo que es de valor tiene que ser examinado y probado, y Dios tiene el derecho de comprobar nuestra fe. Solamente asegúrate que cuando lleguen las pruebas, tu Padre Celestial no está buscando hacerte daño. Él está solamente comprobándote y preparándote para la promoción.

Manten tu fe firme, sin importar lo que sucede. No te concentres en los problemas. Agárrate de Dios. Medita en su bondad. Sabe que Él está de tu parte y que Él mismo luchará por ti. Él es mayor que cualquier problema que pueda llegarte. Él es más fuerte que cualquier trampa que te ha sido tendida por tus enemigos. Él es mayor que cualquier hoyo que haya sido cavado para hacerte caer.

¡Acuérdate siempre que Dios es grande! Nuestro Dios es grandioso. Oye su Palabra:

Alzad,…, vuestras cabezas,…
Y entrará el Rey de gloria.   Salmo 24:7

Él llega a los corazones que le esperan, a los que ansiosamente le esperan.

Dios no es sólo el autor de nuestra fe; Él es también consumador de la fe. Él es aquel quien ha prometido, y es aquel con quien hemos hecho pacto. Porque Él es fiel y es verdadero, ciertamente Él hará que toda promesa se cumpla. Él terminará lo que comenzó:

¿Por qué luchamos tanto?

Estando persuadido de esto, que el que comenzó en vosotros la buena obra, la perfeccionará hasta el día de Jesucristo.   Filipenses 1:6

Si Dios ha comenzado la buena obra en ti, puedes estar seguro de que Él la terminará. Aprópiate de sus promesas, y prosperarás.

Antes de que Dios termine contigo, te parecerás a Jesús, te portarás como Jesús, hablarás como Jesús, y tendrás aun la fragancia de Jesús. Él desea que la plenitud del carácter de Cristo sea formada dentro de ti, y sea lo que sea necesario para cumplir este propósito, Dios lo hará. Él te quiere como parte de la novia, sin mancha y sin arruga, y Él hará todo cuanto tenga que hacer para llevarte a ese lugar con Él. Créele.

Posiblemente tienes problema en creerle a Dios porque le has fallado alguna vez. Recuerda siempre que las promesas de Dios no están basadas en tu bondad, sino en la bondad de Él. Vuélvete a Él, y podrás recibir de su bondad.

Él no te ha olvidado, ni por un momento. Él ya sabía exactamente qué tiempo demorarías en madurar y ser instruido en su justicia cuando Él te llamó, y Él nunca ha cambiado el llamado que te hizo. Él comenzó con el plan de hacerte su hijo, y Él no acabará, sino hasta cumplir su obra en ti.

Puedes detener su obra por un tiempo, y aun podrías lograr pararla, pero sólo por un momento.

La fe … lo que quita todo impedimento

Cuando esto sucede, algunas personas, quienes pueden tener buenas intenciones, posiblemente te califiquen como una causa perdida. Pero en cuanto a Dios, Él no solamente puede cumplir su buena obra en ti, sino que está comprometido a hacerlo. Nada puede cambiar esto.

Así que, quita todos los impedimentos, y deja que Dios haga su obra en tu corazón. Déjale vivir su vida en ti y por medio de ti. Si Él me puede usar, yo te aseguro que Él te usará a ti también. Dios me ha usado para bendecir a personas por todo el mundo y cuando Dios me unge para enseñar su Palabra, aun quedo sorprendida. Sé, de hecho, que *"todo"* lo puedo en Cristo mientras mi fe permanece en un plano alto. Esto no es confianza en uno mismo. Es confianza que viene de Dios.

Él es todo lo que necesitamos que Él sea. ¿Por qué atemorizarnos o ser cobardes? Nuestro maestro es el Todopoderoso. Esto me da valor para cumplir los negocios de Dios. Posiblemente no soy todo lo que puedo ser ahora, pero Él es todo lo que necesito, y si sigo en Él, me perfeccionará de día en día:

Jehová cumplirá su propósito en mí.

Salmo 138:8

Otra manera en que podemos levantar nuestra fe es utilizar las Escrituras en oración. Podemos decir: "Dios, tu Palabra me lo dice. Me has dado esta promesa, y lo creo. Confío en ti y en tu Palabra. Así que, confío que mi enemigo será derrotado. Confiaré en ti, oh Dios, sabiendo que mis hijos serán librados de la mano del maligno, porque tu palabra dice que *'la descendencia de los justos será librada'."*

Aprópiate de la Palabra de Dios en oración. La Palabra tiene potencial para liberar grandes cantidades de energía espiritual en tu vida y darte la fe que necesitas para estar firme en las situaciones más difíciles. Si somos fieles para pasar tiempo con Dios y en su Palabra, Él hará lo que falta. David cantaba:

El día que clamé, me respondiste;
Me fortaleciste con vigor en mi alma.

Salmo 138:3

Esta realidad de la Palabra, de traer una vida tan vibrante a nuestros espíritus, es difícil de entender para algunos, pero no debe ser así. Después de todo, Él fue la Palabra hecha carne, y Él ha llenado la Santa Biblia con su propia presencia. No es la memorización de ciertas frases que nos proporciona el poder, sino el mismo hecho que Cristo, la esperanza de gloria, está morando en nosotros cuando llenamos nuestros corazones con su Palabra ungida y con su Santo Espíritu.

Deja que tu fe se levante para que puedas poseer cada promesa y derrotar a cada enemigo para la gloria de Dios.

Capítulo 13

Cumpliendo nuestra
parte del pacto

Y amarás al Señor tu Dios con todo tu corazón, y con toda tu alma, y con toda tu mente y con todas tus fuerzas. Este es el principal mandamiento.

Marcos 12:30

Estar en pacto con el Señor significa mucho más que recibir todo lo que puedes de Dios. También incluye nuestro compromiso con Él. En este pacto hemos comprometido todo lo que somos y todo lo que tenemos al Señor de los ejércitos. Si en verdad estamos andando con Él en pacto, cumpliremos el mandamiento de amarle *"con todo [nuestro] corazón, y con toda [nuestra] alma, y con toda [nuestra] mente y con todas [nuestras] fuerzas".*

¿Por qué luchamos tanto?

Como representantes de Él aquí en la tierra, Él espera que nosotros andemos en santidad y en arrepentimiento, que seamos buenos mayordomos de nuestro tiempo y de nuestros recursos, y que al diario demostremos nuestra fe en Él. Le debemos buscar en oración, adorarle de corazón, y ministrar su amor a los demás. Y debemos hacerlo todo con confianza, nunca olvidando la promesa de Isaías:

Jehová esperará para tener piedad de vosotros.
Isaías 30:18

Por causa del gran amor de Dios, podemos ser todo lo que Él nos ha llamado a ser. Podemos andar con nuestras cabezas en alto, sostenidas con confianza. Le pertenecemos al Rey de reyes y Señor de señores. Alguien muy poderoso está de parte nuestra. Alguien muy capaz pelea nuestras batallas.

No tengas miedo de la palabra *santidad*. No significa perfección, como creen algunos. Significa ser "apartado para Dios", nada más. Significa que has hecho una decisión consciente de vivir para Dios, venga lo que venga.

Al recibir a Jesús, no somos hechos automáticamente perfectos. El andar en la plenitud del pacto viene a través de un proceso de aprendizaje. Aunque Dios nos está llamando a vivir una vida de santidad, una vida que demuestra su gloria, Él es paciente con nosotros mientras seguimos progresando, y mientras seguimos andando en la dirección correcta. Si morimos al yo cada día, permitiéndole a Cristo vivir en nosotros y por medio de nosotros, Dios está contento. Él está buscando a las personas que digan, "Quiero hacer lo que tú quieres que yo haga, Señor. Yo quiero lo que tú quieres para mi vida". Esto es lo que significa andar en santidad, rindiéndote a Él.

Pedro lo expresó de esta manera:

Como todas las cosas que pertenecen a la vida y a la piedad nos han sido dadas por su divino poder, mediante el conocimiento de aquel que nos llamó por su gloria y excelencia.   2 Pedro 1:3

Tendrás errores, mas el perdón de Dios nunca se acabará. La única ocasión en que no serás perdonado será cuando no pidas perdón. Si dejas endurecer tu corazón, rechazando el Espíritu Santo de Dios, de tal manera que blasfemas de Él, rehusando aceptar que eres un pecador y que no necesitas a Jesucristo, entonces te has metido en serios problemas. El único pecado imperdonable es el no pedir perdón.

Serás tentado, pero cuando seas tentado, clama a Dios para que te auxilie. Su oído está afinado a tu clamor. Él afirma:

¿Por qué luchamos tanto?

Los ojos de Jehová están sobre los justos,
Y atentos sus oídos al clamor de ellos.

Salmo 34:15

Jehová está lejos de los impíos;
Pero él oye la oración de los justos.

Proverbios 15:29

Cuando dices, "¡Dios, ayúdame!" Él te responderá, "Soy más fuerte que toda tentación. Nada te puede arruinar porque estoy contigo". Él se deleita en ayudarte de esta manera:

Jehová está en medio de ti, poderoso, Él salvará;
se gozará sobre ti con alegría,
callará de amor,
se regocijará sobre ti con cánticos.

Sofonías 3:17

De la misma manera, debemos deleitarnos en nuestra experiencia en el Señor, sin sentir que estamos perdiendo algo por haberle dado nuestras vidas. Al contrario, los que no han dado sus vidas a Cristo se están perdiendo la bendición de Dios en esta vida, y en la vida venidera.

Nuestra mayor responsabilidad, mientras estamos aquí en la tierra, es creer en Jesús. Esta creencia no es tan solamente una afirmación mental, o estar de acuerdo con los hechos concernientes a la vida y

Cumpliendo nuestra parte del pacto

el ministerio terrenal de Jesús. Cuando confías en alguien, pones tu confianza totalmente en aquella persona. Dios desea que confiemos de todo corazón en Jesucristo y que mantengamos esa confianza hasta el fin.

Su parte fue darse por nosotros. Ahora, nuestra parte es recibir lo que Él hizo por nosotros. ¿Por qué no cumples con tu parte ahora? Dile:

Señor Jesús,

Creo que moriste por mí y que mis pecados fueron clavados en el madero de Calvario. Has pagado el precio de todos mis pecados, ayúdame a recibir tu perdón y tu salvación.

¡Amén!

Si hiciste la oración anterior con sinceridad, eres un coheredero con Cristo. ¡Su salvación te pertenece! La palabra *"salvación"* significa mucho más que solamente el perdón de pecado. Significa que Dios desea redimirte totalmente: espiritual, física, emocional, y económicamente. Su salvación es total, del espíritu, del alma, y del cuerpo.

Pídele que te guíe a una iglesia local donde puedes ser bautizado en agua y ser instruido con mayor profundidad. Debes unirte a una familia de hermanos y hermanas en Cristo, quienes pueden ayudarte a crecer en la fortaleza del Señor.

¿Por qué luchamos tanto?

Así como Él ha tomado tus pecados, déjale también tomar tus cargas, tus enfermedades, tus luchas familiares, y tus dificultades económicas. Sé libre en todo sentido:

> *...los que son guiados por el Espíritu de Dios, éstos son hijos de Dios. Pues no habéis recibido el espíritu de esclavitud para estar otra vez en temor, sino que habéis recibido el espíritu de adopción, por el cual clamamos: ¡Abba, Padre! El Espíritu mismo da testimonio a nuestro espíritu, de que somos hijos de Dios. Y si hijos, también herederos; herederos de Dios y coherederos con Cristo, si es que padecemos juntamente con él, para que juntamente con él seamos glorificados.*
>
> Romanos 8:14-17

Si has tomado la decisión de ser un hijo de Dios, por la fe en Jesucristo, y has recibido dentro de ti el Espíritu Santo, ya tienes al Señor del Universo, el Creador de todas las cosas, de lo visible y lo invisible, el Poderoso Señor de los ejércitos celestiales viviendo dentro de ti. Puedes decir, como el Apóstol Pablo:

> *Si Dios es por nosotros, ¿quién contra nosotros?*
>
> Romanos 8:31

Él está dispuesto a luchar todas nuestras batallas, supliendo todas nuestras necesidades, confortán-

Cumpliendo nuestra parte del pacto

donos y protegiéndonos. No importa lo que estás pasando, cualquiera que sea la situación en que te encuentres, recuerda que tienes un pacto de sangre con Dios quien está listo para llegar a tu auxilio. Él es más sabio, más fuerte, y mejor preparado para la batalla que nosotros podríamos estar en toda la vida. Él quiere derrotar a nuestros enemigos y ponernos en el camino a la victoria total para nuestra vida.

Entonces, ¿por qué luchamos tanto? Permitámosle que Él haga lo que no podemos hacer por nuestra propia cuenta. ¡A Dios sea la gloria!

¡Amén y amén!

Para contactar a la autora, escriba a:

Carol H. Richardson

CHR Ministries
P.O. Box 255
Bath, NC 27808
USA